FRONT LINE GUATEMALA

Ataques en contra de Defensoras y Defensores de Derechos Humanos 2000-2005

Front Line
y la
Unidad de Protección de Defensoras y Defensores de Derechos Humanos del
MOVIMIENTO NACIONAL POR LOS DERECHOS HUMANOS

Autora
Claudia Virginia Samayoa

Publicado por Front Line,
16 Idrone Lane, Off Bath Place, Blackrock, Co. Dublin, Irlanda

ISBN 0-9547883-4-6
Este reporte está disponible a un costo de € 15.00
(más gastos de embalaje y envío postal)

Cuando las personas nos preguntan ¿por qué?
¿Por qué escogemos colocarnos en riesgo
junto al o la defensora que está en riesgo?
¿Por qué seguimos trabajando por los defensores,
cuando es evidente que la situación no ha mejorado?
¿Por qué seguimos luchando aún a costa de nuestra propia salud?

Les contestamos, porque la esperanza no se doblega.

Y entonces nos preguntan,
¿cómo podemos hablar de esperanza rodeadas de muerte,
amenazas, intimidaciones, allanamientos y tortura?

Les contestamos, porque hay otra forma de ver los ataques a los defensores.

Tú puedes escoger ver la valiente lucha de la organización de mujeres
que sin ser abogadas remueven al juez de impunidad utilizando al sistema.

Puedes ver al líder campesino que camina con las organizaciones agraristas
por el derecho al trabajo y a la tierra en contra de siglos de opresión.

Puedes ver los cientos de iniciativas novedosas, apuestas por la democracia
y la paz detrás de cada una de las cifras y casos de nuestro trabajo diario.

Finalmente, cuando la hija de un defensor asesinado
nos enseña los valores de su padre en su lucha por la justicia,
es cuando nos damos cuenta del por qué y del cómo...

Sencillamente, en Guatemala, la esperanza no se doblega.

Claudia Virginia Samayoa

Agosto, 2006

Lista de contenidos

Lista de abreviaciones utilizadas en el reporte

ADIVIMA Asociación para el Desarrollo de Víctimas de la Violencia Maya Achí

AGDH Acuerdo Global sobre Derechos Humanos

CAIG Coordinadora del Acompañamiento Internacional de Guatemala

CALAS Centro de Acción Legal, Ambiental y Social de Guatemala

CALDH Centro para la Acción Legal en Derechos Humanos

CEH Comisión para el Esclarecimiento Histórico

CERIGUA Centro de Reportes Informativos sobre Guatemala

CERJ Consejo Etnico Rujunel Junam

CICIACS Comisión de Investigación de Cuerpos Ilegales y Aparatos Clandestinos de Seguridad

CIIDH Centro Internacional de Investigaciones en Derechos Humanos

CNOC Coordinadora Nacional de Organizaciones Campesinas

COPREDEH Comisión Presidencial de Derechos Humanos

CONAVIGUA Coordinadora Nacional de Viudas de Guatemala

CUC Comité de Unidad Campesina

DESC Derechos Económicos, Sociales y Culturales

DIPROSE División de Protección de Seguridad

FAFG Fundación de Antropología Forense de Guatemala

FAMDEGUA Asociación de Familiares de Detenidos Desaparecidos de Guatemala

FRG Frente Republicano Guatemalteco

GAM Fundación Grupo de Apoyo Mutuo

GANA Gran Alianza Nacional

H.I.J.O.S. Hijos e Hijas por la identidad y la justicia contra el Olvido y el Silencio

INDE Instituto Nacional de Electrificación

MICSP Movimiento Indígena, Campesino, Sindical y Popular

MINUGUA Misión de Naciones Unidas para la Verificación de los Acuerdos de Paz en Guatemala

MNDH Movimiento Nacional por los Derechos Humanos

MP Ministerio Público

ODHAG Oficina de Derechos Humanos del Arzobispado de Guatemala

OEA Organización de Estados Americanos

OIT Organización Internacional del Trabajo

ONG Organización No Gubernamental

ONU Organización de Naciones Unidas

PBI Peace Brigades International

PDH Procurador de los Derechos Humanos

PNC Policía Nacional Civil

SAAS Secretaría de Asuntos Administrativos y de Seguridad de la Presidencia la República

SEDEM Asociación para el Estudio y la Promoción de la Seguridad en Democracia

TLC Tratado de Libre Comercio

URNG Unidad Revolucionaria Nacional Guatemalteca

Reconocimientos

Esta visión sobre la situación de los Defensores y Defensoras de Derechos Humanos en Guatemala no se hubiera podido realizar sin la confianza y el deseo de que su historia fuese contada por parte de cada uno de los defensores y defensoras que ha compartido su historia tanto a la autora de este informe como a las personas involucradas en el esfuerzo de la Unidad de Protección de Defensores y Defensoras de Derechos Humanos del Movimiento Nacional por los Derechos Humanos. A todos y todas, por su confianza y por sus maravillosas luchas, va este informe.

Este informe cuenta además con el trabajo de mujeres y hombres que han aportado un esfuerzo extra para lograr completar la información, aportar las imágenes y opiniones necesarias; a las siguientes personas va un reconocimiento:

En la Unidad de Protección de Defensores y Defensoras de Derechos Humanos:
Ana Gladis Ollas, Erenia Vanegas, Ruth del Valle, María Martín

Fotografías
María Martín, Silvia Lucrecia Aguilar, Asociación Comunicarte, Brigadas de Paz Internacional, Asociación SEDEM, Coordinadora Nacional de Organizaciones Campesinas, Academia de las Lenguas Mayas Sipakapense, Centro para la Acción Legal en Derechos Humanos, Alcaldía Indígena de Sololá

Diseño de interiores
Mauro Calanchina

Información especial
Centro de Acción Legal, Ambiental y Social
Unidad de Delitos cometidos contra Activistas de Derechos Humanos, Operadores de Justicia, Periodistas y Sindicalistas-MP

Revisión de Texto
Ruth del Valle
Iduvina Hernández

Claudia Virginia Samayoa, *la autora*

Mapa de la
República de Guatemala

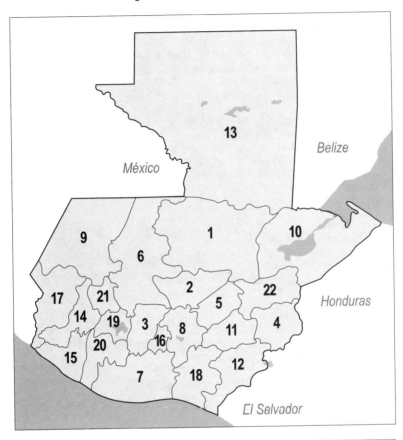

1 Alta Verapaz	**8** Guatemala	**16** Sacatepéquez
2 Baja Verapaz	**9** Huehuetenango	**17** San Marcos
3 Chimaltenango	**10** Izabal	**18** Santa Rosa
4 Chiquimula	**11** Jalapa	**19** Sololá
5 El Progreso	**12** Jutiapa	**20** Suchitepéquez
6 El Quiché	**13** Petén	**21** Totonicapán
7 Escuintla	**14** Quezaltenango	**22** Zacapa
	15 Retalhuleu	

Resumen ejecutivo y recomendaciones

Los defensores y defensoras de derechos humanos en Guatemala ubican con claridad el año 2000 como el inicio de una dinámica de ataques que vulneran el derecho a defender derechos humanos. Los últimos seis años han visto la expansión del fenómeno y las consecuencias en la renovación del terror impulsado durante el enfrentamiento armado interno (1960-1996).

Este análisis, claro está, muestra un síntoma de un deterioro más global de la democracia guatemalteca, de la situación de los derechos humanos y del estancamiento del proceso de paz que significa que la posguerra está siendo bastante violenta y complicada. En este sentido, este informe presenta sólo la expresión de una de las formas de violencia que experimenta la Guatemala contemporánea.

El presente reporte es un análisis de la información sistematizada durante los primeros seis años de esta nueva fase de limitación del derecho a defender derechos humanos, así como un análisis más profundo sobre las diferencias en los patrones de los ataques de acuerdo al tipo de defensor atacado.

En líneas generales, se puede observar que en los últimos seis años, los ataques contra los defensores han venido en línea ascendente, sufriendo un drástico aumento durante el año 2005, en donde hubo un salto en la cantidad de ataques, equivalente al 84%. Este salto cuantitativo se ve matizado cuando se observa más detenidamente la conducta de los ataques por sector atacado. Los defensores de derechos civiles y políticos han mantenido desde el 2003 un número más o menos similar de ataques y una curva de aumento mucho menos prolongada. En cambio, los defensores de derechos económicos, sociales y culturales; así como los defensores de los derechos de los pueblos indígenas sufrieron un incremento dramático de ataques durante el 2005. En el caso del sector de los defensores de los derechos económicos, sociales y culturales, el cambio es de 32 ataques en el 2004 a 99 ataques en el 2005. En el caso del sector de los defensores de los derechos de los pueblos indígenas es de seis ataques en el 2004 al 30 en el 2005.

La mayor parte de las violaciones en contra de los defensores y defensoras de derechos humanos lo constituyen las violaciones al derecho a la libertad y seguridad que se convierten en un valladar a enfrentar en el día a día para los y las defensoras, ya que con este tipo de ataques se reinstala el terror vivido durante el conflicto armado interno. Sin embargo, en los últimos seis años, 60 defensores y defensoras de derechos humanos han sido asesinados por defender el derecho a defender derechos humanos, mostrando como de la amenaza se pasa a la acción y ha habido defensores que han pagado con su vida el derecho a defender derechos humanos en un país que trata de construir la paz.

Otra problemática que confrontan los defensores de derechos humanos es la seguridad de las instalaciones e información de las organizaciones, 129 allanamientos afectaron a las organizaciones durante los seis años analizados. Por otra parte, en el 2004 se empezó a detectar una nueva modalidad de ataque que es conocida como la "criminalización" de la defensa de los derechos humanos" que consiste tanto en el acoso penal del ejercicio de los derechos de manifestación y reunión, así como el impulso de acusaciones penales en contra de defensores para distraer o parar la acción de defensa que se realiza. De este tipo de ataques se contabilizaron 44 ataques.

La sistematización desarrollada en torno a los ataques a defensores y defensoras de derechos humanos ha de incluir la grave situación de los operadores de justicia quienes enfrentan una compleja realidad. Aunque se carece de un órgano único de monitoreo de situación de lo que enfrentan jueces, magistrados y fiscales, lo que se deduce de la información existente es que el número de amenazas y asesinatos ocurridos a este grupo de defensores es similar al que enfrenta el resto de defensores. Sin embargo, en este entorno, los asesinatos son más frecuentes en contra de jueces y fiscales. Tan sólo en el primer semestre del 2005, se habían registrado ocho asesinatos en contra de operadores de justicia mientras que en contra del resto de defensores en todo el año sólo se registraron tres.

Vale destacar que la impunidad es el común denominador de todas las violaciones en contra de los defensores y defensoras de derechos humanos. Es particularmente preocupante que la impunidad en torno a los asesinatos de operadores de justicia y de organizaciones de derechos humanos que han sido atacadas en múltiples ocasiones se mantenga, ya que esta genera el clima propicio para la continuación y el agravamiento del fenómeno de los ataques a los defensores de derechos humanos.

Por ello, deben concentrarse esfuerzos en romper el muro de impunidad que rodea a la violación del derecho a defender derechos humanos en Guatemala. En este espíritu, Front Line y el Movimiento Nacional por los Derechos Humanos proponen las siguientes recomendaciones:

1. Hacia el Ministerio Público

a. Fortalecer a la Unidad de Delitos contra Activistas de Derechos Humanos, Operadores de Justicia, Periodistas y Sindicalistas, proporcionándole recursos materiales y técnicos para la investigación tanto en la capital como en los departamentos de forma que pueda superarse la situación actual de ausencia de investigación criminal en la mayoría de casos de defensores y lograr así la efectiva administración de justicia para la violación del derecho a defender derechos humanos.

b. Establecer las vinculaciones entre los casos que se investigan, realizando análisis de patrones, particularmente cuando los delitos han ocurrido contra la misma organización en distintos años o contra organizaciones que defienden derechos similares.

c. Establecer el rol de la Unidad de Análisis de la Fiscalía de Sección de Derechos Humanos en materia de investigación de patrones y participación de aparatos clandestinos de seguridad en los ataques contra defensores de derechos humanos. De esta forma dicha Unidad puede pasar a ser parte efectiva del proceso de investigación criminal que lleve a determinar la autoría del 48% de los ataques en donde se presupone que existe la participación de Cuerpos Ilegales y Aparatos Clandestinos de Seguridad.

d. Coordinar las investigaciones de campo con la División de Investigación del Crimen de la Policía Nacional Civil para evitar que se realicen sólo investigaciones de gabinete.

e. Tramitar con rigor las quejas administrativas contra fiscales que están utilizando el sistema para criminalizar la función de defender derechos humanos. Esto se hace necesario ya que existe un desbalance entre la inacción en la investigación de delitos contra los defensores de derechos humanos y la pronta actuación de los fiscales cuando existen acusaciones por delitos infundados o exagerados (terrorismo, sedición u otros semejantes) en contra de defensores de derechos humanos.

2. Hacia el Gobierno de Guatemala

a. Garantizar la protección de los defensores y defensoras de derechos humanos y de operadores de justicia según lo establecido en la Declaración de las Naciones Unidas sobre el Derecho y la Obligación de los Individuos, los Grupos y los Órganos de las Sociedades de Promover y Proteger los Derechos Humanos Universalmente Reconocidos y las Libertades Fundamentales, así como la declaración interamericana de la misma materia y el compromiso número 7 del Acuerdo Global sobre Derechos Humanos.

b. Impulsar los mecanismos de respuesta a los conflictos estructurales y coyunturales que resultan de las graves violaciones de derechos humanos que los defensores y defensoras de derechos humanos promueven y defienden de conformidad con lo establecido en los Acuerdos de Paz. Esto es, el impulso de reformas a políticas públicas y leyes que cumplan los compromisos adquiridos el 29 de diciembre de 1996.

c. Impulsar una política de protección de defensores y defensoras de derechos humanos y de operadores de justicia que garantice una aplicación consensuada y ágil de las medidas cautelares y provisionales emitidas por los órganos internacionales.

d. Establecer mecanismos de monitoreo desde la sociedad civil, de la División de Protección de Seguridad (DIPROSE) y del Servicio de Protección de Personalidades de la SAAS en el cumplimiento de su servicio.

e. Depurar las fuerzas de seguridad, de personas involucradas en la comisión de delitos y violaciones de derechos humanos.

3. Hacia el Congreso de la República

a. Aprobación de la Ley de Promoción y Protección de la Defensa de Derechos Humanos como mecanismo nacional para la dignificación de los defensores y defensoras de derechos humanos. Esta Ley vendría a generar un mecanismo de protección ante la grave situación que viven los defensores, obligaría a las instituciones de Estado a proteger y sancionaría a los funcionarios públicos que actuaran en contra de ellos.

b. Reformar la Ley de Protección de Testigos y Sujetos Procesales para que el mecanismo de protección de testigos, fiscales y operadores de justicia sea más ágil, seguro y comprehensivo ya que actualmente no logra proveer la protección que ofrece y este sector es severamente golpeado por la violencia.

c. Fortalecimiento de la institución del Procurador de Derechos Humanos mediante:

    i. Ampliación del presupuesto de la Procuraduría de Derechos Humanos.

    ii. Establecimiento de un proceso transparente y participativo para la elección de un nuevo Procurador de Derechos Humanos en el 2007, puesto que, actualmente los procesos de elección de funcionarios públicos como el Ombudsman que se realizan desde el Congreso de la República han estado politizados. El magistrado de conciencia debe ser electo por su calidad en derechos humanos, y debe carecer de compromisos con los Partidos Políticos. El año 2007 es un año electoral en Guatemala por lo que es necesario redoblar la transparencia del proceso para evitar problemas.

4. Hacia la Comunidad Internacional

a. Presionar a las autoridades guatemaltecas para tomar medidas prácticas a fin de proteger y apoyar a los defensores de derechos humanos incluyendo el desarrollo de un plan de acción para el cumplimiento de la Declaración de las Naciones Unidas del Derecho y la Responsabilidad de los Individuos, los Grupos y los Órganos de la Sociedad para Promover y Proteger los Derechos Humanos Universalmente Reconocidos y las Libertades Fundamentales adoptada el 9 de diciembre de 1998.

b. Apoyar a los defensores y defensoras de derechos humanos en la promoción y defensa de derechos humanos en el país, así como en la promoción de la Declaración de las Naciones Unidas sobre Defensores, de 1998, la Declaración Interamericana sobre Defensores, del 2001 y los Lineamientos de la Unión Europea sobre Defensores de Derechos Humanos, del 2004, por medio de las siguientes acciones:

i. Invitar e interactuar con los defensores de derechos humanos para aumentar su visibilidad. Organizar entregas públicas de estos instrumentos para los defensores y defensoras de derechos humanos y sus organizaciones.

ii. Organizar capacitaciones para las misiones de la Unión Europea y las defensoras y defensores sobre la implementación de los Lineamientos de la Unión Europea sobre Derechos Humanos.

iii. Establecer mecanismos entre las Embajadas para atender a los defensores y defensoras de derechos humanos en riesgo.

c. Fortalecer las actividades orientadas hacia la tutela legal de casos de defensores de derechos humanos para poder romper la impunidad en casos paradigmáticos.

d. En los proyectos de cooperación que se negocien con las organizaciones, determinar un rubro para la seguridad que incluya la aplicación de una política institucional de seguridad que prevea no sólo elementos materiales de seguridad (cámaras, balcones de metal, alarmas) de la organización sino el establecimiento de planes de seguridad integrales.

e. Apoyar a los mecanismos internacionales especializados para la protección de defensores y defensoras de derechos humanos para que continúen su monitoreo y apoyo en Guatemala (Comisión Interamericana de Derechos Humanos, Representante Especial del Secretario General de las Naciones Unidas sobre Defensores de Derechos Humanos, Relator Especial sobre Independencia de Jueces, Magistrados y Fiscales y Oficina del Alto Comisionado de Naciones Unidas de Derechos Humanos en Guatemala).

f. Respaldar el trabajo de organizaciones de sociedad civil internacional, que apoyan la actividad de defensoras y defensores de Derechos Humanos en Guatemala.

* * *

I.
Introducción

Los defensores y defensoras de derechos humanos en Guatemala ubican con claridad el año 2000 como el inicio de una dinámica de ataques que vulneran el derecho a defender derechos humanos. Los últimos seis años han visto la expansión del fenómeno y las consecuencias en la renovación del terror impulsado durante el enfrentamiento armado interno (1960-1996).

El presente reporte es un análisis de la información sistematizada durante los primeros seis años de esta nueva fase de limitación del derecho a defender derechos humanos, así como un análisis más profundo sobre las diferencias en los patrones de los ataques de acuerdo al tipo de defensor atacado.

El reporte se basa primordialmente en la información sistematizada y verificada por el Movimiento Nacional por los Derechos Humanos y la realización de entrevistas en aquellos casos ilustrativos identificados para este estudio. En este estudio se combina el análisis estadístico con el análisis de casos para ilustrar al lector sobre la situación de los defensores y defensoras en el contexto de la posguerra guatemalteca.

En uno de los capítulos se realiza un análisis sobre la situación de los operadores de justicia como defensores de derechos humanos. El acceso a la información es mucho más limitado, debido a la ausencia de un espacio de sistematización serio y las resistencias para compartir información que tienen los operadores de justicia hacia espacios de sociedad civil. Esto hace que se dependa de fuentes secundarias de información que han servido para hacer este análisis.

Por último, en medio de la dinámica de los ataques de los defensores y defensoras, la cotidianeidad de la lucha y la dimensión de los actos de genocidio cometidos durante el conflicto armado interno, en Guatemala se ha perdido la capacidad de la indignación ante el asesinato de defensores y defensoras en los últimos seis años. A continuación, un listado de aquellos que han sido asesinados en el ejercicio de la defensa de los derechos humanos, como parte del homenaje que significa este libro.

Defensores de Derechos Humanos

Ana Dolores Hernández	Coordinadora Nacional de Organizaciones Campesinas	Izabal	01/08/2000
Andrés Cucul	Coordinadora Nacional de Organizaciones Campesinas	Petén	07/11/2000
Aníbal Cabrera	Confederación de Religiosos de Guatemala	Baja Verapaz	13/04/2001
Antonio Ixabalam Calí	Coordinadora Nacional Indigena y Campesina	Suchitepéquez	04/04/2006
Antonio Najera	Comité de Unidad Campesina	Izabal	04/04/2004
Arturo Felipe Molina	Comité de Unidad Campesina	Izabal	11/08/2002
Augusto Guzman Calel Chacach	Comisión de Derechos Humanos de Aldea Panabajal	Chimaltenango	07/02/2004
Bárbara Ann Ford	Religiosa	Guatemala	05/05/2001
Baudilio Amado Cermeño	Sindicato de la Empresa Eléctrica de Guatemala	Guatemala	21/12/2001
Catalino Ramírez Javier	Sindicato de Trabajadores Comerciales y Similares de Esquipulas	Zacapa	17/10/2002
Diego Xon Salazar	Grupo de Apoyo Mutuo	El Quiché	05/04/2003
Domingo Us	Asociación por la Justicia y la Reconciliación	El Quiché	28/06/2001
Edgar Gustavo Cáceres Guevara	Asociación de la Comunidad de los Cerritos	Izabal	24/06/2002
Edi López Oliva	Comité de Unidad Campesina	Izabal	21/04/2003
Edwín Arresis	Sindicato de Maestros de Guatemala	Guatemala	22/03/2002
Erasmo Sánchez Lapop	Comité de Desarrollo Campesino	Suchitepéquez	03/11/2002
Erwín Haroldo Ochoa López	Consejo Nacional de Areas Protegidas	Izabal	01/02/2000
Erwín Manuel Monroy Guevara	Asociación de la Comunidad de los Cerritos	Izabal	24/06/2002
Eugenio García	Comité de Unidad Campesina	Izabal	09/11/2001
Eusebio Macario	Consejo Étnico Rujunel Junam	El Quiché	27/09/2003
Fernando Rivadeneira	Vicariato Apostólico de Petén	Petén	29/07/2004
Florentín Gudiel Ramos	Comité de Pro Vivienda	Escuintla	20/12/2004
Francisca Dominga	Coordinadora Nacional de Organizaciones Campesinas	Quetzaltenango	08/03/2000
Garín Anabella Orellana	Comité Comunitario de Desarrollo de Zacapa	Zacapa	13/12/2005
Gerardo Cano Manuel	Guía Espiritual	Baja Verapaz	02/05/2003
Guillermo Ovalle	Fundación Rigoberta Menchú Tum	Guatemala	29/04/2003
Harol Rafael Pérez Gallardo	Casa Alianza	Guatemala	02/09/2005
Hugo Oswaldo Gutiérrez Vanegas	Comité Protierra la Pita	Petén	05/06/2004
Jesús Estrada	Comité de Unidad Campesina	Izabal	16/04/2004
Jonathan Valente Barrios	Fundación Richard Solórzano	Quetzaltenango	31/01/2006
Jorge Gómez	Coordinadora Nacional Indigena y Campesina	Izabal	05/04/2003
Jorge Luis Lopez-Brenda Chantal	Organización de Apoyo a una Sexualidad Integrada frente al SIDA	Guatemala	24/02/2002
José Alfredo Quino	Coordinadora Regional de Cooperativas de Sololá	Sololá	21/07/2000
José Álvaro Juárez Ramírez	Asociación de Desarraigados del Petén	Petén	08/07/2005
José Anancio Mendoza García	Consejo Étnico Rujunel Junam	Zacapa	25/05/2000
José Ángel Perdomo	Comisión Negociadora de Tierras	Guatemala	27/12/2001
José Benjamín Pérez Gonzales	Comité de Unidad Campesina	Izabal	08/03/2002
José Choc Martín	Comité de Unidad Campesina	Zacapa	26/03/2002
José Israel López López	Procuraduría de los Derechos Humanos	Guatemala	11/06/2003
Juan Gabriel Pérez	Coordinadora Nacional de Organizaciones Campesinas	Guatemala	08/07/2000
Juan López Veláquez	Magisterio Nacional	Quetzaltenango	15/03/2005

asesinados entre el 2000 y el 2006[1]

Juan López Veláquez	Magisterio Nacional	Quetzaltenango	15/03/2005
Juana Trinidad Ramírez de Vega	Asociación Mujer Vamos Adelante	Izabal	05/02/2002
Julían Leiva Ronquillo	Vicariato Apostólico de Petén	Petén	29/07/2004
Julio Armando Vásquez Ramirez	Consejo Nacional de Areas Protegidas	Izabal	01/02/2000
Julio Rolando Raquec	Central General de Trabajadores de Guatemala	Guatemala	28/11/2004
Lorenzo Tista López	Guía Espiritual	Baja Verapaz	22/02/2000
Manuel García de la Crúz	Coordinación Nacional de Viudas de Guatemala	El Quiché	06/09/2000
Manuel Gonzáles	Comité de Desarrollo Campesino de Retalhuleu	Retalhuleu	07/08/2001
Marcos Sical Pérez	Guía Espiritual	Baja Verapaz	16/12/2002
María Elena Mejía	Coordinadora Regional de Cooperativas de Sololá	Sololá	21/07/2000
María Petzey Coo	Coordinadora Nacional Indigena y Campesina	Suchitepéquez	04/04/2006
Mateo Caal	Coordinadora Nacional de Organizaciones Campesinas	Petén	07/11/2000
Meregilda Suchité	Observadora de Derechos Humanos de CALDH	Chiquimula	02/04/2006
Miguel Ángel Lemus Galicia	Federación de Sindicatos de Obreros y Campesinos	Guatemala	25/11/2000
Milton Oswaldo Martínez	Comisión de Libertad de Prensa	Huehuetenango	21/05/2003
Mynor Alegría	Asociación de Periodistas de Guatemala	Izabal	05/09/2001
Oswaldo López Díaz	Comité de Unidad Campesina	Izabal	27/12/2001
Pascual Méndez López	Coordinadora Nacional de Organizaciones Campesinas	Petén	16/03/2000
Pedro Méndez Gutiérrez	Asociación de Desarrollo Integral de Montúfar	Izabal	01/02/2003
René Augusto Pérez Gutierrez	Asociación de la comunidad Lankín II	Izabal	28/06/2002
Santiago Soto	Comité de Unidad Campesina	Izabal	01/04/2003
Serbelio Ramos Hernández	Comité de Unidad Campesina	Izabal	15/04/2001
Teodoro Gregorio Saloj Panjoj	Comité de Unidad Campesina	Izabal	10/10/2000
Víctor Hugo Rivadeneira	Vicariato Apostólico de Petén	Petén	05/11/2004

[1] Este listado incluye el nombre de las 64 defensoras y defensores asesinados hasta julio del 2006 para honrar su nombre en este reporte, a pesar de que el mismo sólo analiza los hechos reportados hasta el 2005.

II.
Contexto legal de la Defensa de los Derechos Humanos

En Guatemala, la noción de la necesidad de garantizar la defensa de los derechos humanos como requisito básico para la construcción de la democracia y la paz, está relacionada fundamentalmente con el conflicto y las consecuencias de la política contrainsurgente. El reconocimiento del rol que tenían los defensores y defensoras fue plasmado en el Acuerdo Global sobre Derechos Humanos (AGDH) firmado el 29 de marzo de 1994 entre el Gobierno de Guatemala y la Unidad Revolucionaria Nacional Guatemalteca (URNG).

En dicho acuerdo, el compromiso 7 sobre **'Garantías y protección a las personas y entidades que trabajan en la protección de los derechos humanos'** se estableció que:

7.1 Las Partes coinciden en que todos los actos que puedan afectar las garantías de aquellos individuos o entidades que trabajan en la promoción y tutela de los derechos humanos, son condenables.

7.2 En tal sentido, el Gobierno de la República de Guatemala tomará medidas especiales de protección, en beneficio de aquellas personas o entidades que trabajan en el campo de los derechos humanos. Asimismo, investigará oportuna y exhaustivamente las denuncias que se le presenten, relativas a actos o amenazas que los pudieren afectar.

7.3 El Gobierno de la República de Guatemala, reitera el compromiso de garantizar y proteger en forma eficaz la labor de los individuos y entidades defensoras de los derechos humanos. [2]

En el caso de Guatemala, la resolución de la Asamblea General de las Naciones Unidas (ONU) de 1998 que aprueba la "Declaración del derecho y la responsabilidad de individuos, grupos y organizaciones sociales de promover y proteger los derechos humanos universalmente reconocidos y las libertades fundamentales"[3] viene a consolidar una garantía y responsabilidad reconocida nacionalmente.

---

[2] Ver. "Los Acuerdos de Paz". Compilación publicada por la Presidencia de la República de Guatemala. Marzo, 1997.

[3] Ver Resolución No. 53/144 de la Asamblea General de la ONU.

Dicho compromiso se ve fortalecido con la aprobación, en la Asamblea General de la Organización de Estados Americanos (OEA), realizada en Guatemala en 1999, de la resolución **"Defensores de derechos humanos en las Américas; apoyo a las tareas que desarrollan las personas, grupos y organizaciones de la sociedad civil para la promoción y protección de los derechos humanos en las Américas."**[4]

Mientras que las resoluciones reconocen el rol de los defensores de los derechos humanos, los riesgos que corren y la obligatoriedad de los Estados y de los órganos multilaterales de proteger la acción de defender derechos humanos, la definición de quién es un defensor de derechos humanos queda difusa.

En ese sentido, la Sra. Hina Jilani, Representante Especial del Secretario General de las Naciones Unidas para los Defensores de Derechos Humanos, estableció en su primer reporte ante la Asamblea de las Naciones Unidas, la necesidad de mantener un criterio abierto y amplio sobre quién era considerado un defensor o defensora.[5]

Sin embargo, es necesario partir de una definición mínima sobre quién es un defensor o defensora de derechos humanos cuando se quiere realizar un reporte. En este sentido Front Line utiliza la siguiente definición:

> **"Un defensor o defensora de derechos humanos**
> **es una persona que trabaja de forma no violenta**
> **por cualquiera de los derechos establecidos en la**
> **Declaración Universal de los Derechos Humanos."**[6]

La Unidad de Protección de Defensoras y Defensores de Derechos Humanos del Movimiento Nacional por los Derechos Humanos ha utilizado un criterio similar, entendiendo la defensa de cualquier derecho establecido en la Constitución Política de la República de Guatemala, así como, cualquier convención o tratado adoptado por la ONU o la OEA.

---

[4] Ver Resolución No. 1671 de la Asamblea General de la OEA

[5] Ver Informe en A/56/341, del 10 de septiembre del 2001.

[6] Tomado de "Front Line Brazil: Murders, Death Threats and Other Forms of Intimidation of Human Rights Defenders, 1997-2001."

A. Garantías establecidas para la defensa de los derechos humanos

En Guatemala están garantizadas en la Constitución Política de la República, la libertad de acción, el derecho a la intimidad y privacidad,[7] la libre locomoción, el derecho de petición, el libre acceso a tribunales y dependencias judiciales, el acceso a archivos y registros estatales, los derechos de reunión y manifestación, libre asociación y libre emisión del pensamiento.[8]

Aunque las garantías se encuentren establecidas en la Constitución Política de la República, existen limitaciones legales y extralegales de diverso tipo para su ejercicio. Merecen una atención especial el ejercicio de los siguientes derechos.

1. El derecho de manifestación y reunión

La Constitución Política de la República de Guatemala de 1985 reconoce, en su artículo 33, el derecho de reunión y manifestación diciendo "Se reconoce el derecho de reunión pacífica y sin armas. Los derechos de reunión y de manifestación pública no pueden ser restringidos, disminuidos o coartados; y la ley los regulará con el único objeto de garantizar el orden público. Las manifestaciones religiosas en el exterior de los templos son permitidas y se rigen por la ley. Para el ejercicio de estos derechos bastará la previa notificación de los organizadores ante la autoridad pública."

---

[7] En este derecho, el caso de la escucha telefónica está en controversia, porque actualmente existe un dictamen constitucional que establece que una investigación penal no es suficiente causal para establecer la misma. Según la Constitución, sólo con un control judicial y en el marco de una actuación penal en contra del individuo, puede violarse la intimidad y la privacidad. Actualmente, acaba de aprobarse la creación de una Dirección de Inteligencia Civil que autoriza la escucha telefónica con control fiscal en casos de sospecha de participación criminal.

[8] En febrero del 2006, fue declarado inconstitucional el delito de desacato, bajo el argumento que violaba el derecho establecido en la Constitución sobre la libre emisión del pensamiento, que establece procedimientos claros de reparación en el caso de que los hechos publicados sean falsos o inexactos.

El artículo 397 del Código Penal, vigente desde 1973, se refiere a reuniones y manifestaciones ilícitas y tiene una sanción entre seis meses y dos años. Esta pena es conmutable según la legislación guatemalteca. Este delito quedó en desuso con la nueva Constitución de 1985, hasta que una nueva regulación sobre el derecho de reunión y manifestación ocurre en 1995.

Dicha regulación tuvo como origen una serie de enfrentamientos entre el movimiento estudiantil y el gobierno en torno a las protestas en contra del alza del precio del pasaje del transporte urbano en 1994. Debido a la represión contra el movimiento estudiantil durante el enfrentamiento armado e incluso durante las diversas dictaduras liberales de principio de siglo, se estableció la costumbre de utilizar capuchas para cubrir las caras de los estudiantes en las manifestaciones públicas.[9] A partir de 1985, ya durante la transición democrática, el uso de capucha empezó a verse en otras manifestaciones. El gobierno y los legisladores definieron que el uso de capucha durante la manifestación estaba sirviendo para que las acciones de protesta y actos violentos se hicieran con impunidad.

El Decreto del Congreso de la República 41-95, conocido como Ley Anticapuchas, estableció una serie de regulaciones sobre el derecho de manifestación y de reunión. Existe una discusión política, pero no jurídica, en torno a la legalidad del artículo que regula la utilización de capuchas en las manifestaciones por ser una práctica de más de un siglo y considerada un derecho adquirido. Las regulaciones están vigentes y son seguidas por parte de las organizaciones sociales y defensores de derechos humanos cuando se ejerce el derecho de manifestación y reunión. En el recuadro contiguo se transcriben los artículos sustantivos de dicha ley.

Aunque las regulaciones sobre las manifestaciones y las reuniones son suaves, en el Código Penal existen delitos tipificados en la década de los setenta y que tienen una clara vocación contrainsurgente, mismos

---

[9] El uso de capucha estaba relacionado más con la "Huelga de Dolores" –una tradición estudiantil universitaria que inició en 1900– que se realiza durante la época de la Cuaresma y que culmina con una manifestación pública de crítica a los gobiernos y denuncia de los problemas que aquejan a la población.

Ley Anticapuchas

"**Artículo 1.** En toda manifestación pública que se realice dentro del perímetro de las ciudades, cabeceras departamentales o municipales, no podrán participar personas con el rostro cubierto o que de cualquier otra manera, en forma manifiesta o intencionada, oculte su identidad que permita la comisión de actos o hechos tipificados como delito o falta. Queda prohibido el uso de "capuchas", máscaras o elementos que, de cualquier forma manifiesta o intencionada, tiendan a ocultar la identidad de las personas en lugares públicos, como participantes en manifestaciones públicas o cualquier otra actividad en forma individual o colectiva. Queda exceptuado de esa prohibición el uso de elementos artísticos o culturales y que sean utilizados con estos fines exclusivamente.

Artículo 2. En cualquier manifestación pública, cuando la autoridad hubiere ordenado un cerco policial de protección a la ciudadanía, edificio o instalaciones públicas, los participantes de dicha expresión pública no podrán aproximarse a una distancia menor de tres metros de dicho cerco o fila policial. El cerco o fila policial en ningún caso será puesto u ordenado en forma que impida el libre tránsito de las personas en las vías que comprenda el itinerario a seguir, notificado por el responsable de la manifestación, a la autoridad respectiva.

Artículo 3. Los organizadores de las manifestaciones públicas, al momento de notificar a la autoridad competente sobre la realización de las mismas, deberán informar sobre si realizarán mitin o no. La omisión del informe a la autoridad competente sobre el extremo a que se refiere el presente artículo, impedirá la realización de mítines, no obstante la manifestación se realizará sin ninguna restricción. En la misma notificación sobre la realización de la manifestación pública, el o los organizadores deberán señalar con claridad el recorrido que seguirá la misma.

Artículo 4. La persona o personas que participen en las manifestaciones, sean estas parte de las mismas o no, que efectúen o causen daño a la propiedad privada o del estado, serán sancionados de conformidad con las leyes penales vigentes del país. Los organizadores del evento serán solidariamente responsables.

Artículo 5. Cuando se trate de una manifestación pública espontánea o cuando haya sido imposible por su naturaleza notificar previamente su realización a la autoridad competente, ésta podrá realizarse siempre que los participantes en ella se mantengan en continua marcha, sin interferir el tránsito libre de vehículos y de personas o aposentarse en sitio público alguno, en igual forma no podrán realizar mítines o discursos en sitios públicos. El incumplimiento de la presente disposición hará a quien resulte como organizador, responsable conforme las normas de la presente ley.

Artículo 5 BIS. Los infractores a las disposiciones de esta ley serán consignados a los tribunales y sancionados conforme el artículo 397 del Código Penal."

30

que suelen ser utilizados más frecuentemente para criminalizar o difamar al defensor que recurre a este tipo de estrategia no violenta. El tipo de delitos que se suelen imputar son: sedición, atentado en contra de la seguridad interior de la nación, terrorismo, intimidación pública, intimidación pública agravada[10].

La mayor parte de estos delitos no tiene medida sustitutiva e implican que el defensor o defensora que llegue a ser acusada ante juez de este delito, puede tener que guardar prisión mientras dure el proceso de investigación, debate y sanción. En el caso guatemalteco, este proceso puede durar un promedio de tres a cinco años, dada la lentitud con la que se desenvuelve el sistema penal.

2. El derecho de libre asociación

La Constitución Política de la República claramente establece el derecho de asociación en su artículo 34. El Acuerdo Global sobre Derechos Humanos, en su compromiso quinto, establece el derecho a la libre asociación, en particular al derecho a no ser obligado a conformar organizaciones de autodefensa, que era una práctica violatoria de los derechos humanos durante el conflicto armado interno.

Aunque en Guatemala no es obligatorio registrarse como organización para ejercer el derecho a defender derechos humanos, sí lo es para aquellas organizaciones que gestionen desarrollo y quieran recibir fondos públicos o deseen participar en instancias públicas de definición de políticas públicas. En el año 2003, fue aprobada la ley de Organizaciones No Gubernamentales para el Desarrollo[11] que obliga la legalización de organizaciones no gubernamentales, su registro en el Ministerio de Economía y su control a través de la Contraloría General de Cuentas de la Nación, que es el órgano contralor de los fondos públicos.[12]

---

[10] Ver el Código Penal en sus artículos 387,390, 391, 391 y 392

[11] Ver Decreto 2-2003 aprobado el 22 de enero del 2003 por el Congreso de la República de Guatemala y sancionado el 18 de febrero del mismo año por el Presidente de la República.

[12] Este artículo está siendo cuestionado ante la Corte de Constitucionalidad por considerarse inconstitucional que el órgano de control de fondos públicos controle fondos privados.

En materia de libertad sindical, Guatemala reconoce en su Constitución Política la libertad de asociación sindical y el derecho de todo trabajador de formar un sindicato y participar en este. Existen restricciones en el ejercicio del derecho de manifestación y huelga para los trabajadores sindicalizados de servicios públicos estatales y, particularmente, aquellos en la Policía Nacional Civil y en el ejército.[13]

3. El derecho de acceso a archivos y registros estatales

En la Constitución Política de la República, artículo 30, se establece con claridad la publicidad de los actos de la administración del estado y el hecho que *"Los interesados tienen derecho a obtener, en cualquier tiempo, informes, copias, reproducciones y certificaciones que soliciten y la exhibición de los expedientes que deseen consultar, salvo que se trate de asuntos militares o diplomáticos de seguridad nacional o de datos suministrados por particulares bajo garantía de confidencia."*
Por otra parte, el artículo 31 claramente establece que *"Toda persona tiene derecho de conocer lo que de ella conste en archivos, fichas o cualquier otra forma de registros estatales, y la finalidad a que se dedica esta información, así como a corrección, rectificación y actualización..."*

Estas dos normativas constitucionales carecen de legislación interna que regule el acceso a la información, defina el secreto de estado y norme la clasificación y desclasificación de información secreta. No es sino hasta el 8 de diciembre del 2005, que en el acuerdo gubernativo 645-2005, el organismo Ejecutivo establece las "Normas generales de acceso a la información pública en el organismo ejecutivo y sus dependencias."

En dicha normativa se establece la posibilidad de cualquier persona de acceder a la información sin necesidad de establecer calidad ni interés, así como también se desformaliza el trámite de solicitud y se establece la celeridad y la gratuidad del mismo.

---

[13] Ver artículo 206 del Código de Trabajo y, en particular, el Decreto 35-96 para conocer más a profundidad las restricciones al derecho de huelga y manifestación en contra de los trabajadores de servicios públicos.

B. Iniciativas de Ley que buscan limitar la defensa de los Derechos Humanos

En líneas generales no existen grandes esfuerzos legislativos por modificar el marco legal que asiste a los defensores de derechos humanos. En materia del derecho de reunión y manifestación, ha habido una corriente legislativa tendiente a endurecer la normativa vigente, que en dos ocasiones ha intentado ampliar las penas y las restricciones en torno a la manifestación.

Las ocasiones en que se ha intentado limitar el derecho de manifestación, ha sido en momentos de tensión entre defensores y gobierno en torno a demandas y reivindicaciones de naturaleza económica. Al mes de junio del 2006, se cuentan tres iniciativas de ley bajo estudio en el Congreso: la iniciativa 2841 presentada el 22 de abril del 2003 en el marco de la huelga del Magisterio Nacional, la iniciativa 3232 presentada el 13 de abril del 2005 en el marco de las manifestaciones en contra de la aprobación del Tratado de Libre Comercio entre Estados Unidos, Centro América y la República Dominicana y la iniciativa 3468 presentada el 25 de mayo del 2006 en el marco del levantamiento indígena y popular ante el incumplimiento de los compromisos del Acuerdo sobre Identidad y Derechos de los Pueblos Indígenas realizada en marzo del este año.

La iniciativa 2841 busca duplicar la pena ya establecida para manifestaciones ilegales, tanto a los organizadores como a los participantes de las manifestaciones y reuniones en donde no se haya notificado con anterioridad, donde se impida la libre locomoción de otros ciudadanos, donde se quemen cosas, donde se retenga en contra de su voluntad a particulares, funcionarios y/o sus vehículos y donde se ocupen inmuebles del estado, carreteras y accesos a puertos, aeropuertos y aeródromos.

La iniciativa 3232 mantiene el espíritu de la iniciativa 2841 y agrega que también incurre en el delito aquella persona que, aunque no haya participado en la manifestación, haya colaborado en la organización de la misma.

La iniciativa 3468 desarrolla nuevos delitos como la contaminación por quema de llantas, la agravación de la obstrucción de la vía pública cuando se comete en muchedumbre, omisión de auxilio responsabilizando penalmente a los organizadores de la manifestación y a los responsables del comité de orden de la misma.

Las tres iniciativas han sido conocidas en primera lectura y están pendientes de dictamen por parte de las Comisiones encargadas de revisar su pertinencia legal, política y técnica.

Manifestación pacífica del 14 de marzo del 2005 contra la aprobación del Tratado de Libre Comercio antes de que fuera disuelta violentamente por la Policía Nacional Civil.

* * *

III.
Contexto Político de la Defensa de Derechos Humanos en Guatemala

Guatemala es un país que queda en Centroamérica. Según estimaciones del Instituto Nacional de Estadística basada en el Censo del 2002, tiene actualmente 13'074,965[14] habitantes. Es un país pluricultural y multilingüe, donde conviven 21 grupos étnicos mayas que conforman el 39% de la población, según las cifras oficiales de dicho Censo, aunque según las organizaciones mayas, la población indígena asciende hasta un 60% de la población. Asimismo, conviven dos grupos indígenas más: los Xincas y los Garífunas, además de poblaciones no indígenas como los ladinos, los afrocaribeños y otros. Según el Informe de Desarrollo Humano del Programa de Naciones Unidas para el Desarrollo, de 2005, uno de los retos aún pendientes es precisamente la superación de una serie de prácticas discriminatorias y racistas que impiden una visión más clara de la diversidad guatemalteca – incluyendo la diversidad existente entre los grupos no indígenas–.

Guatemala es un país tradicionalmente agro exportador dependiente del mercado del café y del azúcar. La tenencia de la tierra está concentrada en muy pocas manos; según el Informe Nacional de Desarrollo Humano del Programa de Naciones Unidas para el Desarrollo del 2000, se mantenía una situación en la que el 3% de las fincas abarca el 65% de la superficie de la tierra. Esto provoca que el 54% de las fincas cubra el 4% de la superficie de la tierra, lo que implica que tienen una extensión inferior a las cinco manzanas. En un país donde la agricultura sigue siendo la principal fuente de acceso al capital, el 33% de las familias trabaja en forma asalariada en la tierra.[15]

La crisis mundial del café del 2002 y la aplicación de una estrategia de desarrollo basada en la apertura comercial, la desregulación de los mercados financieros y de servicios y la aplicación de una política macroeconómica centrada en asegurar el control de la inflación, han impactado negativamente en la capacidad de desarrollo del país. De hecho, los índices de de-

---

[14] Ver datos en www.ine.gob.gt
[15] Ver Informe Nacional de Desarrollo Humano de 2000 págs. 63-66.

sarrollo lejos de mejorar en los últimos años han empeorado. Según el Informe de Situación de los Derechos Económicos Sociales y Culturales en Guatemala, del 2005, la pobreza aumentó entre el año 2000 y el 2003 del 56.2% al 57%, siendo más grande el salto hacia la pobreza extrema que es del 15.7% en el 2000 al 21.5% al 2003.[16] Desde la perspectiva de la concentración de ingresos, el índice de Gini nos indica que entre 1989 y 2002 también el resultado ha sido un aumento en la concentración: el índice varió de un 0.561 a un 0.587.[17]

Guatemala puede ser explicada y resumida de muchas formas. Lo ya expuesto puede perfilar en una palabra lo que no se ha dicho: exclusión. Sin embargo, para entender el contexto en el que se desenvuelven los defensores y defensoras de derechos humanos en este país, es necesario explicar con mayor profundidad una consecuencia de la exclusión: el conflicto armado interno, la paz y sus efectos.

A. El conflicto armado interno y las modalidades de control insurgente

El conflicto armado interno dio inicio simbólicamente el 13 de noviembre de 1960, con el alzamiento de un grupo de oficiales del ejército ante la corrupción del gobierno, las acciones de entrenamiento de un grupo de milicianos cubanos para el derrocamiento del régimen castrista en Cuba y el malestar interno. El alzamiento rápidamente fue sofocado, pero varios de los oficiales crearon la primera fuerza guerrillera la cual adoptó los ideales revolucionarios de cambios estructurales que venían planteándose desde décadas previas y que habían sido reprimidos por la intervención militar promovida por Estados Unidos en 1954 en contra del gobierno de Jacobo Árbenz Guzmán. El conflicto terminó oficialmente el 29 de diciembre de 1996 con la firma de un Acuerdo de Paz Firme y Duradera, que constituye la finalización de diez años de negociaciones y la suscripción de una decena acuerdos específicos que abordan temas sustantivos y operativos de la paz.

---

[16] Ver Informe Situación de los Derechos Económicos, Sociales y Culturales en Guatemala. Págs. 12-15.

[17] Ver. Informe Nacional de Desarrollo Humano de 2003. Anexo estadístico.

Según la Comisión para el Esclarecimiento Histórico,[18] el carácter excluyente del estado hizo que fuera incapaz de lograr un consenso social y, por ende, renunció al papel de mediación entre los intereses sociales y económicos divergentes, lo que facilitó la confrontación. Ante la ausencia de respuestas y la injusticia social creciente, la protesta fue entendida como inestabilidad política que tuvo en el período sólo dos tipos de respuesta: represión o golpe militar. Señala la Comisión para el Esclarecimiento Histórico que *"Frente a movimientos que proponían reivindicaciones económicas, políticas, sociales o culturales, el estado recurrió crecientemente a la violencia y el terror para mantener el control social. En este sentido la violencia política fue una expresión directa de la violencia estructural de la sociedad."* [19]

El conflicto armado interno fue más allá del enfrentamiento entre el ejército y los grupos guerrilleros alzados en armas. De hecho, el impulso de la Doctrina de Seguridad Nacional por parte de Estados Unidos en Guatemala significó la inclusión del concepto del "enemigo interno" en las fuerzas públicas de seguridad y en los organismos de Inteligencia.[20]

El concepto de enemigo interno impulsado por la Doctrina de Seguridad Nacional fue aplicado no sólo a los miembros de los grupos guerrilleros alzados en armas, sino también a todos aquellos que pudieran promover la doctrina considerada comunista. Para finales de la década de los cincuenta, todos aquellos que no apoyaban el régimen eran etiquetados de 'comu-

---

[18] La Comisión para el Esclarecimiento Histórico fue establecida mediante del Acuerdo de Oslo de 1994, para esclarecer lo ocurrido durante el conflicto armado interno, como una comisión de la verdad conformada por un órgano de Naciones Unidas pero dirigida por tres comisionados, dos guatemaltecos (Alfredo Balsells Tojo y Otilia Lux de Cotí) y uno internacional (Dr. Christian Tomuschat). Funcionaron entre 1997 y 1999, presentando su informe final el 25 de febrero de 1999, llamado Guatemala Memoria del Silencio, mismo que por el mandato de la Comisión no podía establecer responsabilidades individuales. El informe completo se encuentra en la página www.pnudguatemala.org

[19] Ver Guatemala Memoria del Silencio. Tomo V Numeral 8 pág 23.

[20] La Doctrina de Seguridad Nacional es un cuerpo teórico de pensamiento político militar estadounidense, elaborado principalmente en el National War College de Washington. En el caso de Guatemala, se conoce que fue incorporado en 1961 con la decisión de la administración Kennedy, en su Política de Defensa Interna de Ultramar, de "ayudar en el establecimiento o fortalecimiento de las organizaciones de Inteligencia y seguridad interna, de tal manera que sean capaces de enfrentar la amenaza de la subversión.". Para más información ver el Tomo I de Guatemala Memoria del Silencio. Numerales 347-363.

nistas', en consecuencia el efecto fue que la persecución del enemigo interno se convirtió en la razón de ser del ejército y una política de estado. Las fuerzas de seguridad del estado y los grupos paramilitares afines al mismo fueron responsables del 93% de las violaciones de los derechos humanos documentadas por la Comisión para el Esclarecimiento Histórico –CEH–.[21] Sus víctimas, los considerados enemigos internos, fueron obreros, profesionales, religiosos, políticos, campesinos, estudiantes y académicos. La gran mayoría fueron miembros del pueblo Maya.[22] Según la CEH, en Guatemala se llegaron a cometer actos de genocidio en contra de miembros de cinco grupos étnicos específicos en cuatro áreas geográficas, entre 1981 y 1983.[23]

En Guatemala se aplicó una política contrainsurgente que tuvo dos manifestaciones durante el conflicto armado interno: la violencia masiva y la violencia selectiva. La violencia masiva tuvo su máxima expresión en los actos de genocidio, conocido también como política de tierra arrasada, sus secuelas aún se sienten y lo más grave es que existe una política oficial del estado de negar la existencia del hecho. Por otra parte, la violencia selectiva se conoce también como el terrorismo de estado, y se observa particularmente la aplicación de una serie de acciones de Inteligencia orientadas al control, desarticulación y eliminación del enemigo interno.

Las víctimas del terrorismo de estado fueron, entre otros, los defensores de derechos humanos y líderes sociales. La Comisión para el Esclarecimiento Histórico investigó y sistematizó los manuales de operación contrainsurgente, manuales de Inteligencia y planes militares y luego los contrastó con las denuncias recibidas de violaciones a los derechos humanos, logrando establecer cómo se desarrollaron claramente una serie de operaciones de Inteligencia y operaciones psicológicas contra los enemigos internos, y cuáles fueron sus consecuencias. A continuación se describen brevemente algunos tipos de operaciones relevantes al día de hoy, utilizadas por el estado durante el conflicto armado interno.[24]

---

[21] Según la CEH, 160,000 personas fueron ejecutadas en Guatemala y 40,000 fueron desaparecidas. Más de un millón de guatemaltecos fueron desplazados internos o refugiados en otros países.

[22] Ver. Tomo 5 Numeral 15 pág. 25.

[23] Ver. Tomo 5 Numeral 110 págs. 48-49

1. Operaciones de control de población: buscaban mantener un control sobre la población. En el área rural el mecanismo más exitoso fue la creación de las Patrullas de Autodefensa Civil que eran manejadas por los Comisionados Militares. En el área urbana, el control se realizaba a través de la infiltración de los organismos del estado, organizaciones y actividades de la sociedad civil, la vigilancia clandestina a través del control por manzana, la vigilancia encubierta, el espionaje telefónico y otros.

2. Operaciones de Inteligencia: se desarrollaron en áreas rurales y urbanas. Se utilizó la confección de listas negras, la tortura, las desapariciones y otras prácticas típicas de este tipo de operativos. Una de las acciones de Inteligencia utilizadas durante la década de los ochenta, fue la liberación de guerrilleros capturados torturados que no habían cedido a la misma junto con los que habían cedido y aceptado colaborar con el ejército, provocando desconfianza a lo interno de las filas del movimiento guerrillero y buscando desmoralizar a sus integrantes.

3. Operaciones psicológicas: uso planeado de la propaganda y otras acciones diseñadas para influir en las emociones, actitudes, opiniones y/o conducta de los grupos de personas. Las operaciones psicológicas fueron ampliamente asistidas por Estados Unidos y, entre las técnicas más utilizadas, fueron: la propaganda, el rumor, los prisioneros exhibidos públicamente, la amenaza del uso de fuerza.

4. Actos de extrema crueldad: conocido también como terror ejemplificante, era cuando realizaban actos crueles a la vista de las personas, para dejar constancia de lo que podía pasar. En el caso guatemalteco se dieron casos de canibalismo y coprofagia entre este tipo de actos.

Para el impulso de las operaciones antes señaladas y otras, el estado guatemalteco diseñó un sistema de Inteligencia militar. En otras palabras, el sistema de Inteligencia guatemalteco responde al diseño de la doctrina de seguridad nacional que se impulsó en toda Latinoamérica. La Inteligencia guatemalteca fue diseñada no sólo para la búsqueda e interpretación de la

[24] Lo descrito a continuación es tomado del Tomo II del informe de la CEH, numerales 774-831.

40

información que sirviera para la lucha contrainsurgente, sino también funcionó como eje conductor de la política de control de la población, de la sociedad, del estado e, incluso, del propio ejército.

A continuación se listan algunas características de la Inteligencia guatemalteca que constituyen "anomalías" para un aparato de Inteligencia y que permiten la comisión de violaciones de derechos humanos:[25]

- La utilización del refrán "quien no está conmigo está en mi contra" como criterio para definir al enemigo. Esto contempló, incluso, personas dentro del mismo ejército.

- La identificación de organizaciones juveniles, obreras, estudiantiles, gremiales, políticas, comerciales, sociales y benéficas y de sus empleados como posibles simpatizantes de la guerrilla y, por ende, sujetas a la infiltración. En particular, los planes de campaña identificaban a las organizaciones populares dentro de esta categoría.

- La utilización de operaciones no convencionales de carácter irregular, en lugar de dejar que las operaciones sean desarrolladas por otro cuerpo del ejército.

- Las operaciones ilegales de la Inteligencia fueron clandestinas, tanto en su planeación como en su desarrollo; esto permitía que la autoría criminal e intelectual del hecho no condujera hacia las autoridades del estado y asegurara la impunidad de los perpetradores.

- La Inteligencia utilizó escuadrones de la muerte para realizar una serie de operativos, también utilizó a la Policía Militar Ambulante, la Policía Nacional y a la Guardia de Hacienda

El sistema de Inteligencia militar guatemalteco fue conformado por dos estructuras: la Dirección o Sección de Inteligencia del ejército (conocido a través de sus siglas D2, S2 y G2[26]) y la Regional o Archivo del Estado Mayor Presidencial. A lo largo del tiempo, la capacidad logística y operativa de la Regional o Archivo fue mayor a la del Sistema de Inteligencia, porque el apoyo estadounidense se orientó más hacia el primero.

---

[25] Lo descrito a continuación es tomado del Tomo II del informe de la CEH numerales 945-1054.

Según la Comisión para el Esclarecimiento Histórico, a partir de 1986 la Inteligencia tuvo una división entre sí, dejando las actividades de Inteligencia más militar a la D2 y la Inteligencia más política al Archivo. Incluso se dice que *"El Archivo prefirió el trabajo contra los opositores políticos y los activistas de derechos humanos."* [27]

El análisis realizado por la Comisión para el Esclarecimiento Histórico sobre las operaciones de los aparatos de Inteligencia, da la siguiente sentencia introductoria: *"Si bien el análisis se refiere al pasado, la Inteligencia es un sistema que sigue existiendo y que todavía goza de muchas de las características que tuvo durante el enfrentamiento armado interno."* [28]

B. La paz, compromisos de cambio

El conflicto armado interno entró en su etapa final el 10 de enero de 1994 con la firma del Acuerdo Marco para la reanudación del proceso de negociación entre el Gobierno de Guatemala y la Unidad Revolucionaria Nacional Guatemalteca. [29] El primer acuerdo firmado es el "Acuerdo Global sobre Derechos Humanos," el 29 de marzo de 1994, que entró en vigencia de forma inmediata y que, en su texto, reconoce los graves retos que existen en materia de vigencia de los derechos humanos y el derecho internacional humanitario en el marco del conflicto. En este acuerdo se establecen los siguientes compromisos que implicaban un inmediato cumplimiento:

1. Plena observancia a los derechos humanos y voluntad de hacerlos respetar.

---

[26] La Sección de Inteligencia del ejército fue denominada así hasta 1983 cuando cambió su denominación hacia Dirección. En jerga militar, su código de identificación era D-2 para la estructura nacional adscrita al Estado Mayor de la Defensa, o S-2, en los destacamentos militares, aquéllos elementos que estaban asignados a las funciones de inteligencia se les denominaba como G-2. En la jerga común, se le conoce como G-2 a todas las personas que pertenecían a una estructura de inteligencia, cualquiera que fuera su ubicación gerárquica.

[27] Ver Tomo II, Numeral 1079 página 110.

[28] Ver Tomo II, Numeral 948 página 75.

[29] El proceso de negociación había empezado en 1986 con las conversaciones en El Escorial, España, impulsadas por Danilo Barillas, funcionario del primer gobierno civil, cuyo presidente era Vinicio Cerezo.

2. Fortalecimiento a las instancias de protección de los derechos humanos: Organismo Judicial, Ministerio Público y Procuraduría de los Derechos Humanos.

3. Compromisos en contra de la impunidad: compromiso de no declarar amnistía, tipificación de delitos de lesa humanidad y no permitir fuero especial para violadores de derechos humanos.

4. Compromisos para que no existan cuerpos de seguridad ilegales y aparatos clandestinos de seguridad.

5. No permitir la obligatoriedad de participar en Comités Voluntarios de Defensa Civil (Patrullas de Autodefensa Civil).

6. Eliminar la naturaleza forzada –discriminatoria e injusta– de la conscripción militar.

7. Garantizar y proteger a las personas y entidades que trabajan en la protección de los derechos humanos.

8. Resarcir a las víctimas de las violaciones de derechos humanos cometidas durante el conflicto armado interno.

9. Respeto al derecho internacional humanitario.

10. Solicitar la verificación de las Naciones Unidas a través de la Instalación de MINUGUA.

El listado de compromisos asumidos en 1994 tuvo un cumplimiento relativamente inmediato –primeros dos años de vigencia del Acuerdo– en lo referente a la desarticulación de los Comités de Defensa Civil, así como la significativa reducción de los reclutamientos forzosos.

La verificación de MINUGUA constata una clara mejoría en la vigencia de los derechos humanos y en el derecho a defender derechos humanos en 1996 y, luego de la firma del Acuerdo de Paz Firme y Duradera, que se mantiene relativamente estable hasta el 2000.

Luego de la suscripción del Acuerdo sobre Derechos Humanos, se rubrican otros cinco Acuerdos sustantivos: Acuerdo sobre Reasentamiento de las Poblaciones Desarraigadas por el Enfrentamiento Amado, Acuerdo sobre el establecimiento de la Comisión para el Esclarecimiento Histórico de las violaciones a los derechos humanos y los hechos de violencia que han causado sufrimientos a la población guatemalteca, Acuerdo sobre Identidad y Derechos de los Pueblos Indígenas, Acuerdo sobre Aspectos Socioeconómicos y Situación Agraria y el Acuerdo sobre Fortalecimiento del Poder Civil y función del Ejército en una sociedad democrática.

Más de cien compromisos fueron asumidos en este conjunto de Acuerdos que atendían a las diversas problemáticas estructurales que causaron el conflicto armado interno y a las consecuencias que dejó. Además, la Comisión para el Esclarecimiento Histórico emitió otra serie de recomendaciones, cuyo cumplimiento constaba como parte de las obligaciones asumidas. Entre los compromisos que cabe resaltar, porque abordaban directamente las estructuras que permitieron la grave violación de los derechos humanos y la limitación al derecho a defender derechos humanos, se encuentran:[30]

a. Creación de un Consejo de Asesor de Seguridad que ayude al ejecutivo a implementar un concepto de seguridad integral, que parta de la idea de que la seguridad ciudadana y la seguridad del estado son inseparables del pleno ejercicio por los ciudadanos de sus derechos y deberes políticos, económicos, sociales y culturales. (Acuerdo de Fortalecimiento del Poder Civil).

b. Creación de una Policía Nacional Civil que sea profesional y que esté bajo el mando civil (Acuerdo de Fortalecimiento del Poder Civil).

c. Reformar la Constitución para crear la Policía Nacional Civil como ente encargado de la seguridad interna, reformar la naturaleza del ejército y definir la posibilidad de que un civil pueda ser Ministro de Defensa. (Acuerdo de Fortalecimiento del Poder Civil).

d. Formular una nueva Doctrina Militar, tomando en cuenta los Acuerdos de Paz y los resultados de la Comisión para el Esclarecimiento Histórico (Acuerdo de Fortalecimiento del Poder Civil y Recomendaciones de la Comisión para el Esclarecimiento Histórico).

e. Reformar el sistema educativo militar para incluir el respeto a la Constitución, los derechos humanos, el conocimiento de la historia, la identidad y los derechos de los pueblos indígenas, la primacía de las

---

[30] Estos compromisos se encuentran en el Acuerdo de Fortalecimiento del Poder Civil y Papel del Ejército en una Sociedad Democrática y en el capítulo de Recomendaciones Tomo V del Informe de la CEH.

personas. (Acuerdo de Fortalecimiento de Poder Civil y Recomendaciones de la Comisión para el Esclarecimiento Histórico).

f. Creación de un nuevo Código Militar, desde una nueva concepción de disciplina y obediencia debida (Recomendaciones de la Comisión para el Esclarecimiento Histórico).

g. Disolución del Estado Mayor Presidencial. (Acuerdo de Fortalecimiento del Poder Civil).

h. Creación del Departamento de Inteligencia Civil y Análisis de Información, dentro del Ministerio de Gobernación, para el combate del crimen organizado. (Acuerdo de Fortalecimiento del Poder Civil).

i. Creación de la Secretaría de Análisis Estratégico. (Acuerdo de Fortalecimiento del Poder Civil).

j. Creación de una Ley de Acceso a la Información (Recomendación de la Comisión para el Esclarecimiento Histórico).

k. Creación de una Comisión de Depuración Administrativa de los violadores de derechos humanos de las fuerzas de seguridad. (Recomendación de la Comisión para el Esclarecimiento Histórico).

l. Creación de un Plan Nacional de Resarcimiento (Recomendación de la Comisión para el Esclarecimiento Histórico).

m. Creación de una Comisión Nacional de Búsqueda de Personas Desaparecidas durante el Enfrenamiento Armado (Recomendación de la Comisión para el Esclarecimiento Histórico).

n. Establecimiento de medidas legislativas de protección a los defensores de derechos humanos (Recomendación de la Comisión para el Esclarecimiento Histórico).

o. Enjuiciamiento y castigo de los responsables de los delitos de genocidio, tortura y desaparición forzada, así como otros delitos que sean imprescriptibles de acuerdo a la Ley de Reconciliación Nacional (Recomendación de la Comisión para el Esclarecimiento Histórico).

De este conjunto de recomendaciones relacionadas con las fuerzas de seguridad y el sistema de inteligencia, sólo la Policía Nacional Civil y la Secretaría de Análisis Estratégico fueron creadas en 1997. Ambas instituciones han encontrado varias limitaciones que se describirán en el apartado siguiente. Luego de muchas presiones, el gobierno inició la disolución del Estado Mayor Presidencial en el 2003 y concluyó dicho proceso hasta en enero de 2004,[31] el Programa Nacional de Resarcimiento fue creado en el 2003 y empezó a funcionar en el 2004, el Consejo Asesor de Seguridad fue creado en el 2004 y una ley para la Dirección de Inteligencia Civil fue aprobada en el 2005 sin presupuesto para su funcionamiento.

Sin entrar en profundidad en el análisis específico del cumplimiento de los compromisos, es harto evidente que en materia de una reforma de los órganos y servicios de seguridad e inteligencia, así como en la búsqueda del fin de la impunidad en torno a las graves violaciones de los derechos humanos, es muy poco lo avanzado. Aquella sentencia sobre la permanencia de la Inteligencia tal como venía funcionando durante el conflicto armado interno, puede ser cierta, incluso, hasta ahora en el 2006.

C. Características del posconflicto guatemalteco

Toda etapa posterior a un está marcada por las características del enfrentamiento armado y del proceso de paz que le preceden. Este período conlleva que, ciertos patrones de conducta de la época del enfrentamiento, se repitan en el período de la paz. De manera que, un manejo adecuado del posconflicto implica la atención del pasado y sus secuelas, particularmente de aquellas conductas que reproducen el enfrentamiento.

Los retos de reconstrucción, democratización y desarrollo de una sociedad posconflicto son gigantescos y no es objeto de este ensayo explicarlos en profundidad. En líneas generales, se puede afirmar que el estado y la sociedad guatemalteca tienen serias deficiencias en esta materia. Si bien es cierto ha habido grandes esfuerzos por reconstruir institucionalidad, como los desarrollados en materia del sistema de justicia, de participación en el desarrollo y derechos de las mujeres, los rezagos son aún muy fuertes.

---

[31] Si bien desde el 2000 el gobierno creó la Secretaría de Asuntos Administrativos y de Seguridad de la presidencia –SAAS–, mediante Acuerdo Gubernativo, no fue sino hasta tres años después que inició el desmantelamiento del Estado Mayor Presidencial y, solo con el cambio de gobierno en enero de 2004, dicha secretaría se hizo cargo de la seguridad del Presidente.

Ya en el primer aparatado de este capítulo se hacía ver los grandes retrocesos que ha habido en materia de pobreza y concentración de la riqueza. Más preocupantes aún son los retrocesos en la vigencia del derecho a la vida y a la seguridad del ciudadano común. En 1996, los homicidios se estaban dando en una tasa superior a 30 por cada cien mil habitantes, para el 2002 esa tasa era de 32.3 por cada cien mil habitantes.[32] Según el Procurador de los Derechos Humanos, en informe público presentado en marzo del 2006, la tasa de homicidios está en 47 por cada cien mil habitantes.[33] Esto implica que, a partir de la firma de la Paz, la tasa de homicidios ha aumentado en 17 puntos. El número de homicidios diarios está acercándose peligrosamente a la media de homicidios ocurridos durante el enfrentamiento armado interno.

La violencia se ha agravado de tal manera que durante el período de este estudio existe una serie de fenómenos generadores de la misma. Por un lado, tenemos la emergencia de las muertes violentas de mujeres que, según el Centro para la Acción Legal en Derechos Humanos[34] y los Datos de la Diputada Alba Estela Maldonado de la Unidad Revolucionaria Nacional Guatemalteca,[35] suman ya 2,700 mujeres del 2000 al 26 de junio del 2006. Algunas de las muertes violentas de mujeres presentan señales de tortura, violación sexual y mutilación, que fueron rasgos característicos de la violencia cometida en contra de las mujeres durante el conflicto armado interno.

También tenemos muertes violentas en niños y niñas, ya sea como víctimas colaterales de otros hechos de violencia o como objetivos directos. Al igual que el conflicto armado interno, la niñez está siendo afectada por la violencia. Aún no se ha estudiado suficientemente este fenómeno, ya que es de emergencia relativamente reciente.

---

[32] Ver el Informe Nacional de Desarrollo Humano del 2003.

[33] Datos tomados por Claudia Samayoa de la presentación pública del Informe sobre Limpieza Social presentado por el Procurador de Derechos Humanos, el informe aún no ha sido publicado.

[34] Ver Informe de seguimiento al Cumplimiento por parte del Estado de Guatemala de las recomendaciones de la Relatora Especial de las Naciones Unidas sobre la Violencia contra las Mujeres.

[35] Ver Hoja informativa No. 3 "Panorama del Feminicidio en Guatemala" de la Bancada de la Unidad Revolucionaria Nacional Guatemalteca.

Un número bastante alto de muertes se está dando contra adolescentes y jóvenes adultos. Esto se debe a dos tipos de fenómenos: las disputas entre pandillas juveniles o maras por territorio, y las acciones de limpieza social que identifican a esta población como los responsables de la criminalidad y la violencia.

Al respecto de la limpieza social aún hay mucho que estudiar, pero el Procurador de Derechos Humanos y las organizaciones de derechos humanos coinciden en que existen los siguientes elementos que indican la existencia del fenómeno: denuncias de personas arrestadas por fuerzas de seguridad que aparecen ejecutadas o sencillamente desaparecen (actos de desaparición forzada); la presencia de cadáveres de presuntos delincuentes o mareros con señales de tortura, que se encuentran en lugares diferentes a la ejecución; ejecuciones públicas de presuntos delincuentes, mareros o personas estigmatizadas (travestís, trabajadoras sexuales en la calle) por grupos de sicarios, al estilo de los grupos paramilitares del pasado.

En el marco de este fenómeno, existe desde 1994 el linchamiento como expresión social de "tomar la justicia por mano propia colectivamente". Sin embargo, hay suficiente evidencia de que los linchamientos fueron iniciados como hechos planificados por ex patrulleros de autodefensa civil o ex comisionados militares para la ejecución de presuntos delincuentes o, en algunos casos, de enemigos particulares de estas personas imitando los mecanismos de ejecución aprendidos durante la época del conflicto armado.

Los linchamientos que ocurrían ocasionalmente en las regiones más alejadas de las áreas urbanas se han ido generalizando a lo largo y a lo ancho de Guatemala y expresan un cansancio ante la inacción del sistema de justicia. El número de linchamientos, al momento, es indeterminado dado que no existe una cobertura adecuada del fenómeno ni mediática ni de los órganos de Estado. El último estudio realizado es el de la MINUGUA que reporta 480 linchamientos entre 1996 y el 2002.[36]

Otro factor de violencia, no sólo a través de la muerte sino a través de actos de intimidación, corrupción, extorsión y otros, es la existencia del crimen organizado y su infiltración en el estado hasta las más altas esferas. El crimen organizado es un fenómeno ligado al conflicto armado interno, es casi un producto derivado de la estructura contrainsurgente.

La organización criminal que se enriqueció del contrabando de bienes y mercancías, armas y municiones, niños y narcóticos creció a la sombra y al amparo del poder militar. El poder acumulado por los militares a través de la práctica de la doctrina de seguridad nacional pronto sirvió para amasar fortunas personales y conformar lo que en Guatemala se conoce como Poder Oculto.[37]

Tanto el aumento de la pobreza y la inequidad –causa del conflicto–, como el aumento de la violencia –consecuencia del conflicto–, son una expresión de un posconflicto fallido, en donde la garantía de la no repetición del pasado se ha roto, en donde la impunidad –tanto del que excluye como del que violó derechos humanos– sigue intocable.

En estos diez años de posconflicto, existen cuatro puntos de inflexión en materia política que pueden explicar lo que hoy ocurre y las dificultades por las que transita la sociedad guatemalteca:

1. El fracaso de la reforma constitucional: los Acuerdos de Paz requerían de una serie de reformas constitucionales para garantizar el reconocimiento del estado pluricultural y multilingüe –sobre todo en materia de reconocimiento del derecho indígena–; para darle rango constitucional a la Policía Nacional Civil y reconvertir al ejército; y para eliminar candados constitucionales a las reformas fiscales. La reforma constitucional fue boicoteada por la manipulación política de la misma a través de la inclusión de más de cuarenta reformas que confundieron a la población, una campaña de miedo que llamó al no y, lo más preocupante, la inacción a favor de la reforma, por parte del gobierno suscriptor de los Acuerdos.

2. La negativa por parte del Presidente Álvaro Arzú de aceptar el Informe de la Comisión para el Esclarecimiento Histórico, por considerarla "escrita con la mano izquierda". Aunque luego aceptó su contenido, mantuvo la reserva el señalamiento de la comisión de

---

[36] Ver datos en Carlos Mendoza y Edelberto Torres-Rivas. "Los linchamientos ¿Barbarie o Justicia Popular?.

[37] Para entender más sobre el poder oculto se recomienda la lectura de un estudio realizado por WOLA en http://www.wola.org/guatemala/po_completo.pdf.

actos de genocidio. Reserva que se ha mantenido por parte de los dos gobiernos que le han sucedido. A esta negativa le ha seguido una campaña de descrédito en contra de dicho ese informe así como del de la iglesia católica,[38] impulsada por el ejército y sectores afines, sin la acción decidida del estado para contradecirla y una débil actuación en materia de las recomendaciones para construir la garantía de no repetición.

3. La elección de Alfonso Portillo –como Presidente de la República– y Efraín Ríos Montt –quien fungió como Presidente del Congreso de la República para el período 2000-2004– del Frente Republicano Guatemalteco (FRG), que no sólo implicó la llegada de una de las personas acusadas por genocidio al poder, sino también la de una serie de personas acusadas, tanto de violaciones de derechos humanos como de pertenecer al poder oculto del país. Durante el gobierno del FRG se produjeron retrocesos graves a la institucionalidad de la paz, se desarrollaron procesos de corrupción generalizada, el crimen organizado reocupó posiciones perdidas con la firma de la paz, y se reiniciaron acciones de violencia política e inteligencia contra la oposición que no se habían visto antes.

4. Los procesos de militarización de la seguridad durante el gobierno de Oscar Berger de la Gran Alianza Nacional (GANA), después del fracaso de la iniciativa de creación de la Comisión de Investigación de los Cuerpos Ilegales y Aparatos Clandestinos de Seguridad (CICIACS[39]). A pesar que durante el gobierno de Berger se produjo una reducción de los efectivos militares a 15,000,[40] esta medida se ha visto opacada por la inclusión de efectivos militares a la Policía, el involucramiento del ejército en actividades policiales y la creación de un nuevo cuerpo militar parapolicial con efectivos desmovilizados para la atención de la violencia. Todas estas acciones, en el marco de las nuevas políticas de seguridad hemisférica impulsadas por Estados Unidos, donde se establece una nueva categoría de enemigos para la seguridad nacional: terrorismo, narcotráfico, migrantes y maras.[41]

---

[38] El Informe del Proyecto de Recuperación de la Memoria Histórica (REHMI) 'Guatemala Nunca Más', que le costó la vida a Monseñor Juan Gerardi Conedera, su propulsor.

La situación actual es finalmente grave. La conflictividad social es alta, tanto por demandas insatisfechas, como por la frustración de promesas incumplidas. El sector campesino y el sector sindical magisterial se encuentran movilizados desde el 2004 y el 2003, respectivamente, en torno a demandas de naturaleza estructural. El estado se ve cada vez más limitado en sus respuestas y, al igual que al inicio del conflicto, la tendencia de respuestas violentas a la demanda social, tanto por actores estatales como por actores fuera del estado, se está viendo cada vez con más frecuencia.

Los capítulos siguientes mostrarán uno de los síntomas del posconflicto guatemalteco: una situación cada vez más grave de la situación de los defensores y defensoras de derechos humanos.

* * *

---

[39] En el marco del deterioro de la situación de los defensores y defensoras de los derechos humanos en el 2002, se identificó como una fuente de ataque a los mismos los cuerpos ilegales y aparatos clandestinos de seguridad que se habían rearticulado en el gobierno del FRG. Las organizaciones de la sociedad civil y el Procurador de Derechos Humanos proponen en el 2003 su desarticulación, a través de la creación de una comisión de Naciones Unidas con capacidades de investigación y persecución penal privada. A través de un esfuerzo nacional e internacional, se logra su creación como tratado internacional el 7 de enero del 2004. Dicha creación coincide con el cambio de gobierno y le corresponde al gobierno de Oscar Berger impulsar su aprobación por el Congreso; pero la iniciativa se enfrenta a una oposición política y pública fuerte que, finalmente, consigue una opinión consultiva constitucional negativa, perdiéndose la iniciativa el 7 de agosto del 2004.

[40] Hay serios cuestionamientos a la reducción publicitada puesto que, en la práctica, el Ejército no eliminó la totalidad de las plazas laborales de los efectivos retirados, situación que puede favorecer el retorno al mismo volumen en cualquier momento.

[41] Para más información ver "Diagnóstico de la situación de defensores y defensoras de derechos humanos de Centroamérica y Panamá; tendencias regionales". En Memoria del Encuentro Centroamericano de Defensoras y Defensores de Derechos Humanos, página 27.

IV.
Seis años de ataques a
Defensores y Defensoras de Derechos Humanos

Luego de la firma del Acuerdo Global sobre Derechos Humanos en 1994 y el ingreso al país de la MINUGUA,[42] la situación de los defensores y defensoras mejoró ostensiblemente, tanto que los mecanismos de monitoreo y protección desarrollados durante el conflicto armado interno fueron abandonados por las organizaciones de derechos humanos. La violencia en contra de defensores se mantuvo concentrada contra los abogados de casos del pasado, y algunos líderes campesinos y sindicales en donde la conflictividad era aguda.

La firma del Acuerdo de Paz Firme y Duradera supuso la disminución de hechos a cifras de un dígito por año de casos registrados por la MINUGUA. Tanto así que la misma Misión dejó de reportar sobre la situación de defensores y defensoras. Cuando en el 2000 se volvieron a registrar los ataques en contra de defensores y defensoras de derechos humanos de organizaciones de diverso tipo y en relación a su exigencia de justicia y verdad ante el General Ríos Montt, Presidente del Congreso, o ante la corrupción y presencia de personajes violadores de derechos humanos y miembros de crimen organizado presentes en el ejecutivo, las organizaciones se vieron obligadas a retomar su trabajo de sistematización.

Ya en octubre del 2000, las organizaciones de derechos humanos presentan su primer informe ante la Comisión Interamericana de Derechos Humanos, en donde sistematizan 40 casos registrados de ataques que incluyen allanamientos, intentos de asesinatos y amenazas de muerte. A final de año, MINUGUA presenta un informe en donde reporta que verificó 90 hechos en contra de defensores y defensoras de derechos humanos.

Con ocasión de la visita *in loco* de la Sra. Hina Jilani, Representante Especial del Secretario General de las Naciones Unidas para Defensores de Derechos Humanos, en mayo del 2002, las organizaciones de derechos

---

[42] Misión de Naciones Unidas para Guatemala para la Verificación del Cumplimiento de los Acuerdos de Paz.

humanos se coordinaron para realizar un esfuerzo de sistematización de los registros de agresiones en contra de defensores y defensoras de derechos humanos. Se establecieron ciertos criterios para dicha recopilación que orientan hasta el momento la sistematización general:

1. El caso tenía que haber sido denunciado a la Procuraduría de Derechos Humanos (PDH), al Ministerio Público (MP) o a la MINUGUA y debía presentarse constancia de dicha denuncia.

2. Debía presentarse copia del expediente del caso denunciado, a menos que éste estuviera refrendado por una organización que estuviera llevando el caso.

3. Se excluyó la búsqueda de información sobre operadores de justicia: jueces y fiscales, porque dicha sistematización ya era desarrollada por la Fundación Myrna Mack desde 1999 y la confianza era depositada en dicha institución. Sin embargo, sí se sistematizó lo que ocurría con los abogados y defensores vinculados con casos de derechos humanos.[43]

Este esfuerzo nacional permitió por primera vez tener una imagen del país y más general del fenómeno. También ve nacer el proceso de la Unidad de Protección de Defensoras y Defensores de Derechos Humanos que, finalmente, fue creada como un servicio *ad hoc* del Movimiento Nacional por los Derechos Humanos en mayo del 2003. La idea de crear un servicio y no una organización no gubernamental, ni ligar la actividad a una organización, fue para que el espacio tuviera la suficiente amplitud como para ser utilizada por cualquier defensor o activista social independientemente de su proveniencia.

Siendo un servicio, la información que proviene de la Unidad puede ser utilizada por cualquier defensor o defensora para hablar de la situación que se vive. De esta forma la Unidad no es la dueña de la información pública, sino los defensores y defensoras.[44]

---

[43] Más adelante se sistematizó también lo ocurrido con los fiscales que llevaban casos de defensores de derechos humanos.

[44] Distinto es lo referente a las denuncias y a la información que se encuentra en la base de datos que ha sido dado en confidencialidad. Es hasta el 2005 cuando los defensores y defensoras son preguntadas si están de acuerdo en hacer público el resumen de su caso; antes de ello –a menos que el caso hubiese sido objeto de denuncia pública– los casos eran mantenidos en reserva.

Los servicios de la Unidad son articulados a servicios de protección brindados por otras organizaciones nacionales e internacionales, como los talleres de protección informática, análisis de riesgo y acompañamiento en diseño de políticas de seguridad institucional que realiza la Asociación Seguridad en Democracia (SEDEM), el apoyo para la solicitud de medidas cautelares que realizan el Centro para la Acción Legal en Derechos Humanos (CALDH) y el Grupo de Apoyo Mutuo (GAM), y el acompañamiento internacional que proveen la Coordinadora de Acompañamiento Internacional de Guatemala (CAIG) y Brigadas de Paz Internacional (PBI).

En el 2003, la información sistematizada se convierte en una base de datos dando lugar al informe "El Rostro del Terror," que presenta una visión de lo ocurrido a los defensores durante el gobierno del FRG. Asimismo, se establece un cuestionario de recopilación de datos que se instituye para el seguimiento de casos de septiembre del 2003 en adelante, obligando a poner mayor énfasis en la denuncia ante el MP por parte del defensor o defensora atacada.

La Unidad de Protección funciona inicialmente dependiendo de la verificación de las organizaciones locales en departamentos ajenos a la capital, en donde los voluntarios toman la denuncia y siguen el cuestionario. Sin embargo, a principios del 2004 se contrata a una trabajadora social para la atención personalizada de defensores y defensoras –principalmente aquellas provenientes de organizaciones más pequeñas que cada vez eran más golpeadas–.

Este hecho no sólo mejoró la atención a los defensores y defensoras, sino también permitió la incorporación de más mecanismos de protección, ya que el personal voluntario empezó a enfocar sus esfuerzos hacia otros mecanismos, es así como se empiezan a desarrollar informes anuales sobre la situación de defensores: "El terror continúa," en 2004 y "El terror se expande," en 2005, e informes parciales en el 2005 (en abril, mayo, junio y octubre). Asimismo, se empezó a desarrollar atención especializada a casos orientada al fortalecimiento de la actuación de la víctima ante el MP para exigir investigación penal, y la elaboración de informes temáticos por tipo de ataque para visibilizar situaciones complejas ("Criminalización de Defensores," abril 2006).

54

Encuentro de Mujeres Defensoras
de Derechos Humanos, 2005

Debido al agravamiento de la situación durante el 2005, la Unidad de Protección ha contratado una persona más para la atención de defensores y defensoras de derechos humanos, así como mejoró y clarificó los procesos de manejo y procesamiento de información y mecanismos de protección para defensores.[45] También, se está desarrollando un plan piloto para la atención en salud mental a los defensores y defensoras atacadas y al equipo que atiende a los defensores.

A. Sobre la sistematización de la situación de los Defensores y Defensoras de Derechos Humanos

La sistematización mantiene los criterios generales desarrollados en el 2003. Sin embargo, se han hecho variaciones y ajustes a lo largo de los últimos años y, particularmente para este esfuerzo, buscando ajustarnos tanto a la realidad cambiante de Guatemala como a los criterios más rigurosos del monitoreo de derechos humanos.[46]

La advertencia que se debe hacer es que la sistematización es de "ataques" y no de violaciones o delitos. No se utilizó la categoría de viola-

---

[45] Véase en el ANEXO 1 los flujos de información y de protección que maneja la Unidad de Protección.

[46] El análisis que aparece en este esfuerzo no va a coincidir en números con los informes públicos de la Unidad, debido a que se registraron más casos para algunos años y, lamentablemente, por algún error técnico, se borraron dos casos del año 2000 que no hemos podido contrastar por la dimensión de la información. El único cambio realizado es en relación al tipo de violación de derechos humanos, en donde se crea la categoría de violación al **derecho a la integridad personal** y se cambia al secuestro para la categoría de violación al **derecho a la libertad y seguridad** –previamente se encontraba en el del derecho a la vida–.

ciones de derechos humanos para caracterizar lo que le ocurre a los defensores, ya que en la mayor parte de casos, la ausencia de investigación por parte del MP y la Policía nos impide identificar al responsable de los hechos y, por ende, la violación se produce por omisión y no por acción directa del Estado. Para evitar discusiones inútiles con el gobierno de Guatemala, se evitó desde el 2000 utilizar esta categoría para referirnos al fenómeno en lo individual.[47]

Por otra parte, no todos los hechos que ocurren a los defensores y defensoras son considerados delitos en el actual ordenamiento jurídico guatemalteco, por lo que tampoco podía utilizarse esa categoría. Eso nos dejó con el uso del término ataque sinonímico de agresión.

La sistematización utilizada por la Unidad de Protección utiliza una serie de categorías generales que han sido desarrolladas para estandarizar tipos en Guatemala. De esa cuenta se han tipificado a los defensores, los patrones de ataques, los tipos de delitos a los que están sujetos los defensores, los indicios de planificación de los ataques, entre otros elementos que se analizan de cada ataque. En el ANEXO 2, se explican las características generales de la sistematización utilizada.

B. Una visión general de la situación de Defensores y Defensoras de Derechos Humanos

Durante, los últimos seis años, la Unidad de Protección de Defensores y Defensoras de Derechos Humanos ha registrado 733 ataques y se puede observar una conducta de aumento de los mismos, marcadamente grave durante el año 2005, según muestra la GRÁFICA 1.

Entre los años 2002 y 2004 los ataques mantuvieron una frecuencia similar, pero en el 2005 sufrieron un salto del 84% con respecto al año anterior.

---

[47] Contrario senso ocurre cuando las organizaciones de derechos humanos se refieren al fenómeno en lo global, donde la inacción del Estado convierte a lo que ocurre a los defensores de derechos humanos en una grave violación al derecho humano a defender derechos humanos.

56

GRÁFICA 1
Evolución de ataques por año*

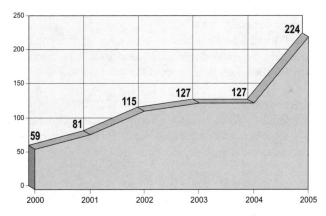

Este salto cuantitativo tiene una explicación cualitativa, en tanto que los ataques a defensores de derechos económicos, sociales y culturales y a los defensores de derechos de los pueblos indígenas sufrieron una notable alza como denota la gráfica a continuación.

GRÁFICA 2
Evolución de ataques por año por tipo de defensor*

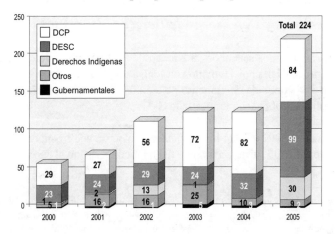

Fuente: Unidad de Protección a Defensores y Defensoras de Derechos Humanos-MNDH.

Esta conducta diferenciada por tipo de actividad de los defensores ameritará en los capítulos subsiguientes un análisis más profundo, que permite descubrir patrones diferenciados entre los grupos que se diluyen en la visión más global de los ataques.

Durante estos últimos seis años, el sector más atacado ha sido el de Defensores de Derechos Civiles y Políticos, conformado por defensores al derecho a la justicia, a la verdad, los periodistas, los acompañantes y los religiosos, que han recibido el 48% de los ataques y se han mantenido más o menos en el mismo número desde el 2003, mientras que el sector que defiende los derechos económicos, sociales y culturales (defensores al derecho al ambiente sano, al desarrollo, dirigentes campesinos y sindicales) que concentra el 31% de los ataques, recibió el alza referida en el 2005.

El sector que defiende Derechos Indígenas, por otra parte, concentra el 7% de los cuales la mayor parte de hechos ocurrieron durante el año 2002 y el 2005. Véase la conducta en totales de ataques por sector atacado en la gráfica a continuación.

GRÁFICA 3

Derecho que defienden los Defensores atacados

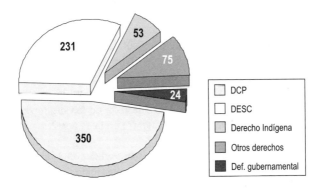

Fuente: Unidad de Protección a Defensores y Defensoras de Derechos Humanos-MNDH.

Una visión del número de ataques por sector se ve en la siguiente tabla.

TABLA 1
Número de ataques recibidos por sector

Acompañante	12
Ambientalista	3
Campesino	93
Desarrollo	73
Diferencia sexual	13
Diputado	1
Gubernamental	24
Indígena	47
Justicia	**125**
Mujer	16
Niñez y juventud	15
Otro	31
Periodista	68
Religioso	21
Sacerdote maya	6
Sindicalista	61
Verdad	**124**

Fuente: Unidad de Protección a Defensores y Defensoras de Derechos Humanos-MNDH.

Como puede observarse, los sectores más atacados han sido el de verdad y justicia, con un 17% de los ataques cada uno, siendo seguidos por los dirigentes campesinos que concentran un 13% de éstos.

Otra forma de verlo es cuando se analizan las organizaciones de derechos humanos que han sido objeto de ataques durante los últimos seis años, ya sea de forma directa o indirecta. En ese período, 203 organizaciones han sido atacadas, el listado completo se encuentra en el ANEXO 3. Sin embargo, hay organizaciones que han sido atacadas de forma continua, sistemática y/o intensivamente durante estos años. Una lista de las organizaciones en donde el ataque ha sido intenso se encuentra en la TABLA 2.

Como se carece de un registro nacional de organizaciones de derechos humanos, no puede establecerse cuál es el porcentaje de organizaciones atacadas o no. De las organizaciones de derechos humanos históricas y más conocidas por su labor, ya sea en derechos civiles y políticos o en derechos económicos, sociales y culturales, todas han sido objeto de ataques en los últimos seis años.

TABLA 2

Organizaciones más atacadas

Centro para la Acción Legal en Derechos Humanos	33
Comité de Unidad Campesina	26
Fundación Rigoberta Menchú Tum	23
Fundación de Antropología Forense de Guatemala	19
Unión Verapacense de Organizaciones Campesinas	16
Oficina de Derechos Humanos del Arzobispado de Guatemala	16
Asociación para el Desarrollo de las Víctimas de la Violencia Maya Achí	15
Grupo de Apoyo Mutuo	15

Fuente: Unidad de Protección a Defensores y Defensoras de Derechos Humanos-MNDH.

En relación al género del defensor atacado, se puede observar cómo la mayor parte de los ataques, el 58%, se dirige en contra de defensores varones, mientras que el 23% es contra defensoras, siendo el 19% restantes contra las organizaciones e instituciones.

GRÁFICA 4

Ataque por género

Fuente: Unidad de Protección a Defensores y Defensoras de Derechos Humanos-MNDH

Otra mirada que puede realizarse es en cuanto la ubicación del tipo de ataque entre los departamentos y la capital. Como puede observarse en el mapa a continuación, los ataques se llevan a cabo predominantemente en el departamento de Guatemala, donde se concentra el 53% de los ataques.

GRÁFICA 5
Ataques por ubicación geográfica

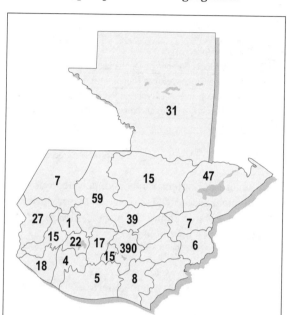

Fuente: Unidad de Protección a Defensores y Defensoras de Derechos Humanos-MNDH.

Otros departamentos de alta frecuencia de ataques son El Quiché y Baja Verapaz, que comparten la situación de ser regiones en donde el conflicto armado interno fue particularmente grave y donde hubo actos de genocidio. Por otra parte, Izabal y El Petén son departamentos en donde la presencia del crimen organizado es alta a través del narcotráfico, contrabando y tráfico ilícito de maderas.

Cuando se observa qué tipo de violaciones se realizan en contra del defensor y defensora de derechos humanos, en la mayor parte de casos, por la omisión de actuación pronta y efectiva del estado, el 64% de los ataques son violaciones a la libertad y seguridad. Sin embargo hemos contabilizado, 81 violaciones al derecho a la vida de las cuales, 60 son asesinatos –lo que implica el 8% de los ataques.

61

GRÁFICA 6
Violaciones cometidas contra Defensores de Derechos Humanos*

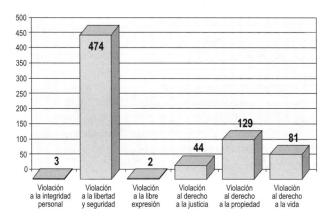

En su conducta en el tiempo, las violaciones al derecho a la vida han tenido una variación significativa, siendo el tiempo más violento los primeros dos años del registro: el 2000 y el 2001, y luego bajando significativamente el número de asesinatos en contra de defensores.

GRÁFICA 7
Comportamiento de violaciones al Derecho a la Vida*

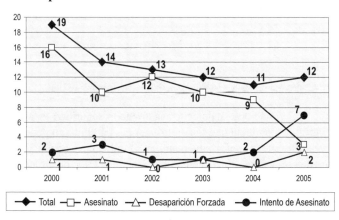

Fuente: Unidad de Protección a Defensores y Defensoras de Derechos Humanos-MNDH.

Una posible explicación a este fenómeno es la existencia de un monitoreo nacional e internacional del fenómeno, como el funcionamiento de la Unidad Fiscal de Delitos contra Defensores de Derechos Humanos.[48] Otra explicación puede ser la mejor preparación de los defensores y defensoras en medidas de protección, ya que lo que ha aumentado han sido los intentos de asesinato que, afortunadamente, no han logrado su cometido.

Durante los últimos seis años, se han registrado 129 violaciones al derecho a la propiedad, que consisten tanto en allanamientos para la sustracción de información electrónica o física, o para la determinación de daños a la propiedad de la organización con el objeto de dificultad su labor. Según la conducta de esta violación por año puede observarse que, en general, se mantiene una tendencia uniforme en este patrón.

GRÁFICA 8
Violaciones al Derecho de Propiedad por año

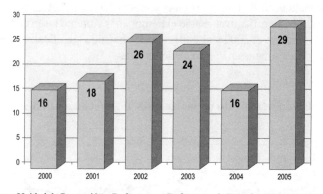

Fuente: Unidad de Protección a Defensores y Defensoras de Derechos Humanos-MNDH

En cuanto a las violaciones al derecho a la libertad y seguridad, éstas mantienen el patrón de conducta que tienen los ataques en el marco general y, los delitos y hechos que la conforman, mantienen también una conducta similar. La siguiente gráfica identifica la conducta general del tipo de violación.

---

[48] La Fiscalía Especial para Defensores empezó a funcionar en el 2002 actuando en contra de asesinatos de defensores. En el 2003 consiguió una serie de capturas y procesamientos de presuntos responsables de asesinatos en contra de Defensores de Derechos Humanos.

GRÁFICA 9
Comportamiento de violaciones al Derecho a la Libertad y Seguridad*

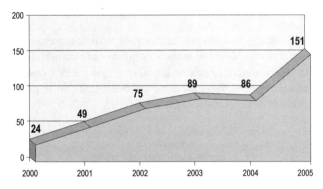

En un análisis de los delitos o tipos de hechos cometidos en contra de los defensores de derechos humanos, se puede observar que el 16% de los hechos son amenazas telefónicas, el 14% son allanamientos, y el 12% son amenazas en persona. Estos tres hechos constituyen los más recurrentes a nivel general.

GRÁFICA 10
Tipo de delitos y hechos cometidos en contra de los defensores*

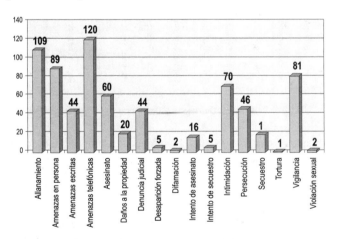

Fuente: Unidad de Protección a Defensores y Defensoras de Derechos Humanos-MNDH.

Hay que señalar que las denuncias judiciales en contra de defensores, o sea actos de criminalización contra los defensores, constituyen el 6% de los ataques y ocurrieron entre el 2004 y el 2005.

Otra forma de analizar los ataques sufridos por los defensores es analizar la conducta en el tiempo de los mismos. Los informes anuales han observado que existe una conducta cíclica en los ataques que pueden observarse de forma mensual; pero al hacer un corte semestral también se puede hacer una observación de una conducta cíclica.

GRÁFICA 11
Conducta cíclica de los ataques

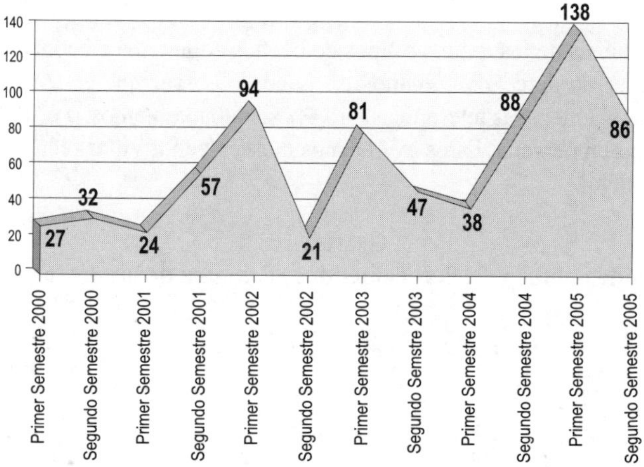

Fuente: Unidad de Protección a Defensores y Defensoras de Derechos Humanos-MNDH.

Como puede observarse, existen, guardando sus proporciones, cuatro picos claros en los ataques, de los cuales dos picos fueron precedidos de semestres previos de violencia ascendentes.

Dichos picos coinciden con momentos álgidos de confrontación del movimiento de derechos humanos y social con el gobierno o con el sistema, que generan el clima que favorece la agresión en contra de los defensores de derechos humanos.

- **Pico 1** *"Segundo semestre del 2002."* Este segundo semestre coincidió en el tiempo con el "Guarogate"[49] o escándalo de la alteración de la Ley de Bebidas Alcohólicas por parte de algunos Diputados del Congreso de la República. Esto llevó a las organizaciones de derechos humanos a realizar una serie de protestas para demandar el enjuiciamiento de varios diputados, encabezados por el general Efraín Ríos Montt. En el marco de ese enfrentamiento, el Ministro de Gobernación, Byron Barrientos[50], anunció que habría una campaña de autoterrorismo por parte de las organizaciones. En aquella ocasión el anuncio del Ministro de Gobernación fue seguido efectivamente de una serie de ataques; por otra parte las manifestaciones públicas se desactivaron, ante la imposibilidad de avanzar y el caso judicial en contra de los diputados fue finalmente cerrado por las diversas instancias del sistema.

- **Pico 2** *"El grupo consultivo y la visibilización de los grupos clandestinos."* En enero del 2002 se inició una gran presión para participar como sociedad civil en las reuniones del grupo consultivo de los países amigos de la paz en Guatemala. El argumento de la sociedad civil eran los graves retrocesos que había en la implementación de los compromisos de los Acuerdos de Paz y la situación de los defensores de derechos humanos. Entre enero y febrero, los ataques en contra de defensores de derechos humanos se generalizaron e intensificaron, lo que llevó a una dinámica de emplazamiento al gobierno de Guatemala para que reconociera que los ataques existían y que los mismos tenían características similares a aquellos ataques que, durante el enfrentamiento

---

[49] Apelativo relacionado con la expresión Guaro que, en Guatemala, identifica al licor. El Guarogate surgió a finales de julio del 2000 cuando, en el marco de un paquete de reformas fiscales derivadas del Pacto Fiscal emanado de los Acuerdos de Paz, surgió una enmienda a la Ley de Bebidas Alcohólicas y no Alcohólicas. Dicha enmienda se realizó fuera del consenso del Pacto, en el marco de las discusiones públicas en torno a la aprobación de la reforma se percataron que la tabla de impuestos establecidos que fue aprobado por el Congreso no fue la misma que conoció y sancionó el Ejecutivo. Al solicitar explicaciones, se trató de establecer la existencia de un fondo de revisión que no es parte de la Ley Orgánica del Legislativo.

[50] El Lic. Byron Barrientos entró al Ministerio de Gobernación también en el segundo semestre de ese año, ante la oposición de los grupos de derechos humanos por su participación comprobada en el pasado en uno de los intentos de golpe de estado al entonces Presidente Vinicio Cerezo en 1987, y denuncias en su contra por participar como agente operativo de torturas a inicios de la década de los ochenta en el Ejército de Guatemala.

armado, cometían los aparatos clandestinos de seguridad. Dicho reconocimiento fue realizado finalmente en mayo del 2002. Este pico implicó el asesinato del contador de la Fundación Rigoberta Menchú Tum, Guillermo Ovalle de León, el 29 de abril del 2002.

- **Pico 3** *"La etapa preelectoral y el surgimiento de la CICIACS."* El primer semestre del 2003 fue otro momento de presión para los defensores, ya que significó el momento preelectoral en donde se anunciaba las posiciones fuertes por parte del movimiento de derechos humanos en torno a la participación de Efraín Ríos Montt como candidato presidencial y, además, sale a la luz pública la propuesta de creación de la Comisión de Investigación de Cuerpos Ilegales y Aparatos Clandestinos de Seguridad (CICIACS).[51] La combinación de ambos factores pudo producir un momento de vulnerabilidad que generó una conducta de pico.

Carlos Morales, Coordinador de la Unión Verapacense de Organizaciones Campesinas, quienes recibieron 14 ataques durante el 2005.

---

[51] La CICIACS era una propuesta de sociedad civil y de la Procuraduría de Derechos Humanos presentada, en enero del 2003, al organismo Ejecutivo y al Legislativo para la creación de un ente internacional de investigación de los cuerpos ilegales y aparatos clandestinos de seguridad quien se presupone eran responsables de la mayor parte de agresiones a defensores de derechos humanos de la época. La propuesta fue avalada por el Congreso y el Ejecutivo firma un acuerdo con la PDH y sociedad civil en marzo del 2003 para impulsar la CICIACS y solicitar a la ONU y a la OEA su creación. La ONU estudia la propuesta y realiza la negociación para su creación en diciembre de ese año.

- **Pico 4** *"La confrontación con el sistema económico."* En el primer semestre del 2005 se consolida el pico que venia gestándose desde el segundo semestre del 2004, cuando se pierde la lucha por la creación de la CICIACS y se organiza el Movimiento Indígena, Campesino, Sindical y Popular (MICSP). Durante este semestre, el MICSP organiza una serie de manifestaciones y acciones públicas fundamentadas en estudios técnicos en torno a la oposición a la aprobación del Tratado de Libre Comercio de Estados Unidos con Centroamérica y República Dominicana y la aprobación de una Ley de Concesiones. Estas marchas vienen a constituirse en el climax de una serie de manifestaciones públicas sectoriales de oposición a una política de desalojos violentos y, violando las normas internacionales al respecto, las concesiones para la explotación de minerales metálicos a cielo abierto de forma extensiva y la oposición a la aplicación de un paquete de reforma fiscal por ser violatoria al espíritu del pacto fiscal. En este marco, las organizaciones sociales involucradas fueron atacadas tanto para obtener información sobre sus formas de trabajo así como el ataque a la base operativa para paralizar la actividad pública. Asimismo, se observó acción directa del estado para criminalizar la movilización social. Este pico ha sido particularmente violento, ya que implicó el involucramiento en la dinámica de agresiones de sectores sociales que no habían sufrido ataques en el pasado.

Debido a la ausencia de investigación que existe en torno a los ataques a los defensores de derechos humanos, es muy difícil establecer quiénes son responsables de dichos ataques. Durante la sistematización de los ataques se trata de establecer, sobre la base de la poca información que puede recabarse en el momento del ataque y sin una investigación profunda, la presencia o no de indicios de planificación consistente con la existencia de cuerpos ilegales y aparatos clandestinos de seguridad operando.

En el primer informe realizado, se evidenció que entre el 2000 y el 2003, el porcentaje de ataques que tenían dichos indicios era del 30%. En este nuevo corte que incorpora el análisis de ataques hasta el 2006, se puede observar que el 48% de los casos evidencia indicios de planificación.

En cuanto a la conducta de los ataques con indicios de planificación, puede observarse un claro incremento del número de ataques de este tipo

68

durante el 2005, lo que implica que el incremento en número de ataques no sólo fue cuantitativo sino también cualitativo e implicó el involucramiento de estructuras organizadas y complejas, como las que se han denominado cuerpos ilegales y aparatos clandestinos de seguridad.

Véase el comportamiento de los ataques según indicios de planificación.

GRÁFICA 12
Indicios de Planificación en los ataques

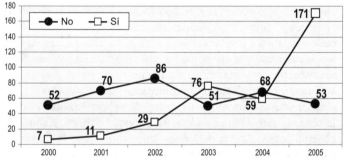

Fuente: Unidad de Protección a Defensores y Defensoras de Derechos Humanos-MNDH.

Sin embargo, al hacer un análisis cruzado entre indicios de planificación y tipo de defensor u objeto de actividad del defensor, no se puede evidenciar ninguna correlación positiva relevante.

En otras palabras, el número de ataques se distribuye más o menos entre el 45 y el 55 % en cada una de las variables, haciéndolo poco significativo para un sector en particular. Esto implica que todos los sectores han sido objeto de ataques planificados y que, al menos con la poca información existente, no hay indicios que exista una dedicatoria hacia un sector en particular.

Siempre con el objeto de tratar de establecer la posible autoría o responsabilidad de los ataques, la sistematización ha realizado un cruce estableciendo el objeto de la actividad del defensor. Esta información podría dar elementos sobre la causa que motiva la respuesta violenta hacia la función del defensor.

69

GRÁFICA 13
Algunos ataques por objeto de actividad por año

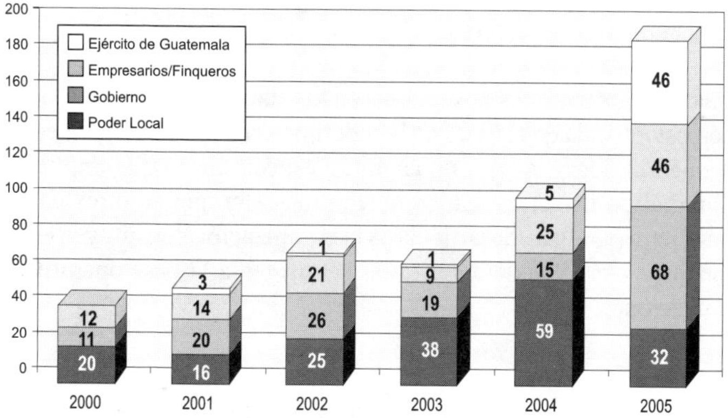

Gráfica de barras con leyenda: Ejército de Guatemala, Empresarios/Finqueros, Gobierno, Poder Local. Valores por año:
- 2000: 20, 11, 12
- 2001: 16, 20, 14, 3
- 2002: 25, 26, 21, 1
- 2003: 38, 19, 9, 1
- 2004: 59, 15, 25, 5
- 2005: 32, 68, 46, 46

Fuente: Unidad de Protección a Defensores y Defensoras de Derechos Humanos-MNDH.

Como puede observarse, la tendencia de los ataques varía de acuerdo a los años, pudiendo observarse que tanto en el 2000, 2003 y 2004 los ataques en contra de defensores que tienen como objeto el Ejército de Guatemala, o sea aquellos que tocan temas sobre verdad del conflicto armado, justicia en casos de violaciones de derechos humanos o reconversión militar, fueron mayoritariamente objeto de ataques. Es significativo que éstos son los años de la apertura del debate en torno al genocidio y los casos abiertos ante la justicia española y los tribunales nacionales.[52]

Por otra parte, puede observarse cómo en el 2002 y 2005 hay una notable predominancia de ataques en contra de defensores que tienen como objeto

---

[52] En 1999 se interpuso una querella ante la Audiencia Nacional de España –aceptada en el 2000–, en contra de 8 altos mandos militares y civiles responsables de genocidio, terrorismo de estado y tortura, entre 1978 y 1985 en Guatemala. En el 2000, se abre en Guatemala denuncia en contra del alto mando militar de Romeo Lucas García por el genocidio cometido entre 1981 y 1982, abriéndose en el 2001 la causa contra Ríos Montt por el mismo delito durante 1982-1983. En el 2003 se realizó una discusión sobre los impedimentos de la inmunidad diplomática de Ríos Montt para el avance de las causas y cómo esto favorecía la candidatura presidencial de Ríos Montt. Ya en el 2004, se cuestionó al sistema de justicia nacional sobre la no aceleración de las causas en contra de Ríos Montt, luego de la pérdida de su inmunidad.

tanto al sector empresarial como al gobierno como tal. En este caso, la coyuntura entre el 2002 y el 2005 es totalmente distinta, ya que en el 2002 el sector empresarial estaba enfrentado al gobierno y en el 2005 existe una alianza entre ambos sectores.

En cuanto a los patrones observados en los ataques, de acuerdo a la clasificación establecida en el 2002 para la definición del tipo de ataques, el 25% proviene del poder local o un enemigo específico, lo que implica que la posibilidad de investigación es mucho más alta que en otros casos. Los ataques para paralizar/desarticular a la organización constituyen el 24% de los ataques y el 19% de los ataques se dirigen a la base operativa de las organizaciones.

TABLA 3
**Patrones de los ataques recibidos por los
Defensores y Defensoras de Derechos Dumanos**

Ataque de desarticulación/paralización	179
Ataque de descabezamiento	64
Ataque de la base operativa	139
Ataque de múltiple objetivo/simbólico	88
Ataque de poder local/enemigo específico	181
Ataque para obtener información	75
Ataque por aprovechamiento	7

Fuente: Unidad de Protección a Defensores y Defensoras de Derechos Humanos-MNDH

Se puede observar que, los ataques para obtener información y de múltiple objetivo –que suelen denotar la existencia de aparatos clandestinos de seguridad– constituyen el 10% y el 12% respectivamente.

En los capítulos subsiguientes, se realizará un análisis más a profundidad de los ataques de acuerdo al sector, indagando en explicaciones más específicas y menos genéricas. Sin embargo, la situación global de impunidad en torno a los casos es realmente impresionante.

De los 733 casos registrados, la mayor parte de ellos carecen de diligencias de investigación más allá de las entrevistas iniciales a los defensores atacados. Un buen número de los ataques es archivado por imposibilidad de individualizar el victimario del ataque. Durante estos seis años hemos podido contabilizar las siguientes salidas procesales, en donde se ha logrado un resultado ajeno al archivo[53] o a la continuación de la acción de la criminalización:

5 asesinatos con sentencias: 2 acusatorias y 3 absolutorias

1 allanamiento con procedimiento abreviado[54] por aceptación de culpa de acusado

1 amenaza en persona con criterio de oportunidad aplicado, resultando en una solicitud de disculpa del victimario hacia la víctima.

12 demandas judiciales sobreseídas por falta de mérito.

Si no contamos los tres asesinatos en donde el proceso terminó en una absolución, esto nos deja en 16 casos en donde el estado actuó para resolver positivamente la situación del defensor o defensora de derechos humanos atacado. Esto significa que actuó en el 2.18% de los casos.

Un análisis más en profundidad se realizará en el capítulo dedicado a la impunidad en torno al ataque a los defensores y defensoras de derechos humanos.

* * *

---

[53] El archivo es el procedimiento procesal por medio del cual la investigación sobre una denuncia se deja de hacer porque no se pudo individualizar la responsabilidad de un delito en una persona. Es el sinónimo de la impunidad.

[54] El procedimiento abreviado es cuando el imputado de un delito al aceptar su culpabilidad solicita que no se realice el debate oral y se proceda inmediatamente al establecimiento de una sentencia.

V.
La situación de los Defensores y Defensoras de los Derechos Civiles y Políticos

En Guatemala, la defensa de los derechos civiles y políticos fue uno de los ejes centrales de la resistencia a la guerra y la lucha por la paz durante la década de los ochenta y los noventa. En 1984, surgió el Grupo de Apoyo Mutuo (GAM) como un grupo de familiares de víctimas de desaparición forzada que luchan por la vida y la justicia. Previo al GAM, que es reconocido como el primer grupo del movimiento de derechos humanos actual, a finales de la década de los setenta y los inicios de los ochenta se sufrió la persecución del movimiento de derechos humanos y la resistencia no violenta a la guerra. Cabe destacar en este período, la formación del Comité de Familiares de Desaparecidos, dirigido entre otras personas, por Miguel Angel Obregón y Ofelia de Obando, padre del escritor Roberto Obregón y madre de los hermanos Obando, respectivamente, detenidos desaparecidos durante el gobierno de Carlos Arana Osorio.⁵⁵

Durante la década de los ochenta e inicios de los noventa, las organizaciones de derechos humanos guatemaltecas en el país y en el exilio aprendieron a utilizar los mecanismos internacionales de protección de derechos humanos para denunciar las graves violaciones que se cometían en el país en el marco de la política contrainsurgente ya descrita. En 1990, se nombra una Experta Independiente para Guatemala para la vigilancia de la situación de derechos humanos.

La beligerancia del movimiento de derechos humanos, logra la incorporación en la Constitución Política de la República de 1985 de la figura del Procurador de Derechos Humanos, siendo pionera en Latinoamérica. El Ombudsman rápidamente se convierte en vocero de los sin voz y se hace cargo de la grave situación de los derechos humanos.

---

⁵⁵ Este grupo fue pionero en iniciar acciones relativas a recursos de exhibición personal, denuncia internacional y emplazamiento a funcionarios, con el fin de establecer el paradero de personas detenidas desaparecidas. Fueron apoyados y asesorados legalmente por la oficina del Bufete Popular de la Asociación de Estudiantes Universitarios –AEU–.

Cuando en 1994 se comienza a consolidar el proceso de negociación de los Acuerdos de Paz, el movimiento de derechos humanos empieza a trabajar para que se preste atención a las víctimas del conflicto armado interno, tanto en procesos de verdad como de justicia. En este sentido, se avanza con las siguientes acciones:

• Se construye una base de datos de víctimas del conflicto armado, realizada por el Centro Internacional de Investigaciones en Derechos Humanos (CIIDH) miembro de la Coordinadora Nacional de Derechos Humanos de Guatemala.

• Se lleva a cabo una investigación de Recuperación de la Memoria Histórica por parte de la Oficina de Derechos Humanos del Arzobispado de Guatemala (ODHAG).

• Se elabora una propuesta para el resarcimiento de las víctimas por parte del GAM.

• Se impulsa un esfuerzo para la búsqueda de desaparecidos entre PDH, la Asociación Familiares de Detenidos Desaparecidos FAMDEGUA y el GAM.

• Se inician causas penales específicas en contra de comisionados militares, patrulleros de autodefensa civil y militares en las cortes nacionales y en contra del estado en la Comisión Interamericana de Derechos Humanos.

Algunas iniciativas tuvieron éxito y otras no, pero claramente demostraban la decisión de enfocar los esfuerzos hacia el esclarecimiento del pasado. Durante los primeros años, el movimiento de derechos humanos estaba fraccionado en dos grandes grupos que respondían a su cercanía o no al movimiento revolucionario. En 1996 dicha división empezó a disminuirse cuando las organizaciones y defensores se unieron para oponerse a la posibilidad de una amnistía a los violadores de derechos humanos.

Esta decisión estratégica por la justicia se ve profundizada en los resultados del informe Guatemala Nunca Más –del proyecto interdiocesano de recuperación de la memoria histórica, coordinado por la ODHAG– y el informe Guatemala Memoria del Silencio –de la CEH–. De 1998 a la fecha, la mayor parte de los esfuerzos de las organizaciones de derechos civiles y políticos se orientan hacia:

- Casos judiciales en la jurisdicción nacional e internacional.
- Esclarecimiento de la verdad: divulgación de los informes y nuevas investigaciones.
- Exhumaciones, inhumaciones y dignificación de las víctimas
- Resarcimiento de las víctimas
- Búsqueda de desaparecidos
- Reformas a leyes e instituciones para que nunca más se repita: policía, ejército, sistema de inteligencia, acceso a información, etc.
- Reforma al sistema judicial para romper la impunidad

Cuando el fenómeno de los ataques a defensores y defensoras de derechos humanos empezó a expandirse más allá de los operadores de justicia, el movimiento se vio desbordado. Muchas organizaciones habían desmontado sus capacidades para el monitoreo de denuncias y, en su lugar, estaban ampliando su actuación hacia el monitoreo de derechos económicos, sociales y culturales que requiere otro tipo de atención. Es en este contexto que surge la Unidad de Protección a Defensores y Defensoras de Derechos Humanos.

En el 2002 se ve con claridad que la situación de violaciones de derechos civiles y políticos ya no sólo afecta a defensores, sino también empieza a evidenciarse en situaciones de violencia social generalizada, por lo que algunas organizaciones –como el GAM– retoman un monitoreo de violaciones de derechos humanos.

En el 2003, varias organizaciones de mujeres inician un observatorio sobre asesinatos de mujeres[56] y otras empiezan a formar organizaciones en los departamentos para el monitoreo de violaciones a los derechos civiles y políticos en líneas generales.[57] En el 2005, la situación carcelaria, de jóve-

---

[56] Aquí es importante señalar el monitoreo realizado por el Grupo Guatemalteco de Mujeres, que puso en el escenario nacional el fenómeno de los asesinatos de mujeres, mismo que ahora es monitoreado por organizaciones de derechos humanos y no sólo de mujeres.

[57] En este sentido puede señalarse el esfuerzo realizado por el Movimiento Nacional por los Derechos Humanos con el apoyo de MINUGUA como parte de su transición, así como los observatorios desarrollados por CALDH, Defensoría Maya y la Fundación Myrna Mack, como parte del Proyecto Plurianual de Derechos Humanos de la Unión Europea.

nes en conflicto con la ley penal y el fenómeno de tortura también son objeto de monitoreo.[58]

Además del impulso de la agenda relacionada con el abordaje de las consecuencias del conflicto armado y el monitoreo de la situación de los derechos civiles y políticos, el movimiento de derechos humanos ha unido esfuerzos en torno a:

- La inclusión de la agenda prioritaria de derechos humanos en los temas del grupo consultivo de los Acuerdos de Paz.
- El proceso de selección del Procurador de Derechos Humanos en el 2002.
- La creación de la Comisión de Investigación de los Cuerpos Ilegales y Aparatos Clandestinos de Seguridad.
- El apoyo a la PDH en la investigación de los archivos de la Policía Nacional.

Otro tema que ha unido al movimiento de derechos humanos es la lucha frontal contra la corrupción y la infiltración del estado por parte de miembros del crimen organizado. En este marco, el periodista consciente y responsable, mayoritariamente en los departamentos, ha jugado un rol de denuncia importantísimo que le ha puesto en la línea de los ataques.

En general, las organizaciones de derechos humanos no tienen mayores bases sociales y constantemente se ven interpeladas por aquellas organizaciones que defienden derechos económicos, sociales y culturales.

A. Características particulares de las formas de ataques

Durante los últimos seis años, los defensores y defensoras de derechos civiles y políticos han recibido 350 ataques de los 733 registrados. Dentro de este sector se encuentran los defensores al derecho a la justicia (menos los operadores de justicia), los defensores al derecho a la verdad, los religiosos que usualmente están defendiendo derechos civiles y políticos ligados a la verdad, los acompañantes internacionales que defienden el derecho a

---

[58] El Instituto de Estudios Comparados en Ciencias Penales de Guatemala ha realizado una serie de estudios para evidenciar la situación de grupos vulnerables.

defender derechos humanos y los periodistas que defienden el derecho a la libre emisión del pensamiento. Los ataques a los defensores y defensoras de derechos civiles y políticos han tenido en el tiempo una conducta más regular, de aumento en los primeros años y de relativa estabilización durante los últimos tres años, como lo indica la gráfica a continuación.

GRÁFICA 14
Ataques a Defensores de Derechos Civiles y Políticos por año

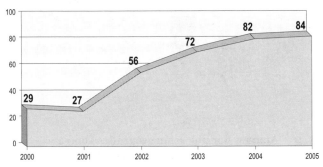

Fuente: Unidad de Protección a Defensores y Defensoras de Derechos Humanos-MNDH.

Sin embargo, esa conducta es diferente si observamos más detalladamente a los sectores que conforman a los defensores y defensoras de derechos civiles y políticos.

Allí observamos que los ataques a los defensores y defensoras del sector justicia han ido agravándose año con año, mientras que el sector religioso y los acompañantes tienen focalizados los ataques en períodos específicos de tiempo. Los periodistas, en cambio, tuvieron un claro auge de ataques en su contra durante el año electoral, en donde su labor los pone en mayor riesgo. Los defensores al derecho a la verdad, donde la mayoría de los atacados están relacionados a las exhumaciones, tienen un pico en el 2004. Véase la GRÁFICA 15 para ver la conducta.

En el mapa, el despliegue de los ataques es más claro, concentrándose el 67% de los mismos en el departamento de Guatemala que es donde la actividad de presión se da más fuerte. Por otra parte, los departamentos que le siguen en frecuencia en ataques son Baja Verapaz y El Quiché, que es donde se desarrollan una serie de actividades en torno a la búsqueda de justicia.

GRÁFICA 15
Ataques por sector de Defensores de Derechos Civiles y Políticos*

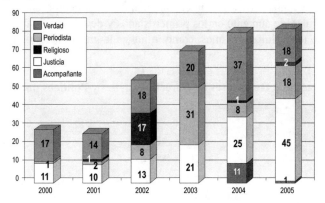

GRÁFICA 16
Ataques por ubicación geográfica contra
Defensores de Derechos Civiles y Políticos*

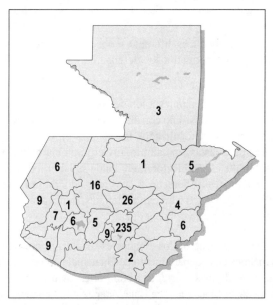

Fuente: Unidad de Protección a Defensores y Defensoras de Derechos Humanos-MNDH.

En cuanto al género del atacado, el fenómeno se comporta diferente al patrón general, ya que los ataques en contra defensoras es aquí de un 27% en lugar de un 23% del patrón general, mientras que el ataque a las instituciones representa un 19%, igual que el patrón general.

GRÁFICA 17
Ataque a Defensores de Derechos Civiles y Políticos por género

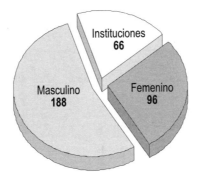

Fuente: Unidad de Protección a Defensores y Defensoras de Derechos Humanos-MNDH

En cuanto al tipo de hecho que afecta a los defensores de derechos civiles y políticos, hay que señalar que la mayor parte de ataques son amenazas telefónicas, 18% de los ataques, seguidos por hechos de vigilancia, 15% de los mismos. Los allanamientos constituyen el 13% de los ataques, mientras que han sufrido 16 asesinatos en los últimos seis años, lo que implica el 5% de los ataques. En este sentido la conducta de los ataques varía con respecto a la conducta general, ya que los allanamientos no ocupan la segunda recurrencia, ni las amenazas escritas la tercera (Gráfica 18).

Entre los hechos que es interesante señalar es la tendencia observada en el 2005 de apertura de denuncias judiciales –por parte de los acusados por actos de corrupción o de abuso de poder– en contra de defensores de derechos humanos que buscan justicia. El caso más significativo es el registrado en Sacapulas, El Quiché, donde existen acusaciones judiciales del alcalde contra defensores y defensoras, relacionadas con casos que éstos llevan en contra de dicho funcionario. El alcalde llegó al puesto por el partido Frente Republicano Guatemalteco y era comisionado militar durante el conflicto armado interno, por lo que tiene apoyo en parte de la red de patrulleros de autodefensa civil.[59]

GRÁFICA 18

**Tipo de delitos y hechos contra
Defensores de Derechos Civiles y Políticos**

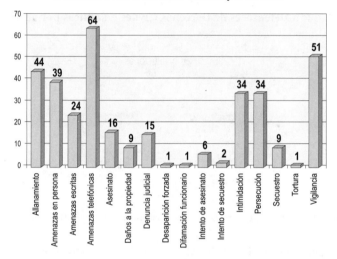

Fuente: Unidad de Protección a Defensores y Defensoras de Derechos Humanos-MNDH

B. Hipótesis sobre las razones de los ataques

Desde una mirada general, en el caso de los defensores de derechos civiles y políticos, 52% de los ataques tienen indicios de planificación. Esto implica cuatro puntos arriba del porcentaje general de ataques con indicios de planificación. Desde una mirada más desglosada de los indicios de ataques por sector agredido, puede observarse que tanto en las agresiones en contra de los defensores y defensoras del derecho a la justicia,

---

[59] Para más información puede verse el informe "El terror se Expande" del 2005, donde se encuentra un resumen de los casos y el nombre de las personas acusadas. En este caso, el juez ordenó el sobreseimiento por falta de mérito. Aún se está pendiente que proceda la captura en contra del alcalde por los hechos de corrupción que se le imputan.

al sector religioso y a los periodistas, predominaron los ataques con indicios de planificación. Interesante observar cómo en el caso de los defensores al derecho a la verdad, la conducta fue inversa a la de los defensores del derecho a la justicia.

GRÁFICA 19
Indicios de planificación por sector de
Defensores de Derechos Civiles y Políticos

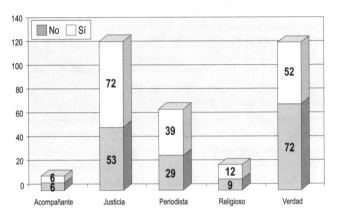

Fuente: Unidad de Protección a Defensores y Defensoras de Derechos Humanos-MNDH

La ausencia de investigación no nos permite ir más a fondo en materia de indicios de planificación, pero en este caso hay una presunción de que más de la mitad de los ataques provienen de los denominados cuerpos ilegales y aparatos clandestinos de seguridad.

Desde la óptica de los patrones de los ataques, éstos tienen una conducta diferente a la observada por los ataques en general. En el caso de los defensores de derechos civiles y políticos, el 31% corresponden a ataques de desarticulación/paralización, el 24% a ataques a la base operativa y el 15% corresponden a ataques de múltiple objetivo. Los ataques de poder local/enemigo específico que constituyen el mayor tipo de ataques, acá sólo significan el 13% del total. Es significativo que los ataques para obtener información sólo implicaron el 10% de los ataques perpetrados contra este tipo de organizaciones.

82

TABLA 4
**Patrones de los ataques recibidos por los
Defensores de Derechos Civiles y Políticos**

Ataque de desarticulación/paralización	110
Ataque de descabezamiento	25
Ataque de la base operativa	83
Ataque de múltiple objetivo/simbólico	51
Ataque de poder local/enemigo específico	45
Ataque para obtener información	34
Ataque por aprovechamiento	2

Fuente: Unidad de Protección a Defensores y Defensoras de Derechos Humanos-MNDH.

Las hipótesis esgrimidas en torno a por qué se ataca a las organizaciones de derechos civiles y políticos, están directamente relacionadas a con la función que que éstas realizan. En ese sentido, sobre todo en torno a los ataques que sufren los defensores del derecho a la justicia y a la verdad, se ha esgrimido el argumento de que tienen relación con los casos o con la pretensión que éstos tienen de llevar ante los tribunales los casos de las graves violaciones de derechos humanos del pasado.

En este sentido, si se observa la conducta cíclica de los ataques a los defensores de derechos civiles y políticos, los picos varían con respecto a la tendencia general. Aunque también se observan cuatro picos, dos de ellos están en diferentes momentos. Uno en el primer semestre del 2000, que es cuando se hace pública la demanda en contra de Efraín Ríos Montt y una serie de decisiones judiciales se llevan a cabo en España. El otro momento es el pico en el segundo semestre del 2004, en lugar del primero del 2005, que es coincidente con la denegatoria por parte de la Corte de Constitucionalidad del texto de creación de la CICIACS.

Si la hipótesis sobre el origen de los ataques fuera correcta, eso significaría que uno o varios grupos de militares y, probablemente, civiles, se han organizado para desarticular al movimiento de derechos humanos y distraerlo de su objetivo estratégico, reavivando y rearticulando los grupos que durante el conflicto armado sirvieron para el desarrollo de la contrainsurgencia.

GRÁFICA 20
Conducta cíclica de los ataques contra
Defensores de Derechos Civiles y Políticos

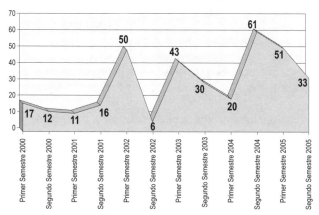

Fuente: Unidad de Protección a Defensores y Defensoras de Derechos Humanos-MNDH.

C. Caso. Fundación de Antropología Forense de Guatemala

La FUNDACIÓN DE ANTROPOLOGÍA FORENSE DE
GUATEMALA (FAFG) es una institución no gubernamental, autónoma, técnico científica, sin
fines de lucro que contribuye al fortalecimiento
del sistema de justicia y al respeto de los derechos humanos a través de la investigación, la
documentación, la divulgación, la formación
y la sensibilización de los hechos históricos
de violaciones al derecho de la vida y de casos de muerte no esclarecidos.

Fredy Peccerelly
Director FAFG

La FAFG conduce peritajes e investigaciones científicas aplicando las ciencias forenses y sociales, tanto a nivel nacional como internacional. En 1992,
es creada por iniciativa del Dr. Clyde Snow como respuesta a las demandas
de las organizaciones de víctimas como el GAM, CONAVIGUA y CERJ.
Durante estos años ha realizado exhumaciones e inhumaciones en todo el

país en cementerios clandestinos a solicitud de las víctimas. Las exhumaciones se realizan en coordinación con el Ministerio Público quién, por ley, debe autorizar dicho procedimiento.

Todo empezó el 21 de febrero del 2002 cuando se recibió una copia anónima de una carta de amenaza de muerte en donde se coaccionaba a once antropólogos forenses que habían trabajado en la FAFG y que ahora laboraban en varias instituciones. De esa lista, aún permanecían en la institución: Leonel Estuardo Paíz, José Suasnavar, Fredy Peccerelli y Claudia Rivera.

Todos los antropólogos recibieron inmediatamente medidas de protección policial, incluida la sede de la institución. Sin embargo, a pesar de las medidas de protección otorgadas gracias a las medidas cautelares emitidas por la Comisión Interamericana de Derechos Humanos, la investigación de estos hechos fue nula. De esa cuenta, los ataques siguieron ocurriendo. El 21 de abril del 2002 el hermano de uno de los antropólogos recibe una agresión. Esta agresión se vincula a las anteriores ya que constituye parte de las intimidaciones y las formas de enviar los mensajes de terror.

El 6 de marzo del 2003, el blanco del ataque es Fredy Peccerelli y su entorno; su hermana Bianka Peccerelli es perseguida por hombres desconocidos. Luego el 12 de marzo, es amenazada por personas sin identificar, luego de estar con Omar Bertoni Girón quien es también antropólogo de la FAFG. El 3 de abril, la casa de Fredy Peccerelli es allanada y documentos como los pasaportes de él y su familia son robados. El 28 de abril, a Omar Girón le interceptaron en el carro, le robaron su celular y le amenazaron de muerte haciendo referencia a su trabajo en la FAFG.

El 29 de mayo de ese mismo año, Fredy Peccerelli y su hermano se percataron de que el portón de la casa de Fredy Peccerelli había sido baleado por un carro en movimiento. Luego de este incidente, Fredy Peccerelli tomó la decisión de salir temporalmente del país para estudiar.

El 1 de agosto de ese año, dos trabajadoras de la FAFG se dirigían a su casa cerca de la institución y un carro les siguió e intimidó durante el camino. Al poner la denuncia, el Ministerio Público hizo una investigación y determinó que el carro pertenecía al Estado Mayor Presidencial y estaba asignado a la hermana del presidente. Durante la investigación no se logró determinar un móvil político y las trabajadoras desistieron de la acusación.

El 26 de agosto del 2005, mientras la ex esposa de Fredy Peccerelli manejaba fue interceptada por hombres desconocidos quienes la golpearon y le enviaron una amenaza de muerte a Fredy Peccerelli. El 8 de septiembre, a la casa de Omar Girón y Bianka Peccerelli (quienes desde noviembre de 2004 son esposos) llega una amenaza por escrito advirtiéndoles a ellos y a Fredy Peccerelli que "ya que no entendieron la primera vez, ahora sí sufrirán las consecuencias".

A continuación una foto de una de las amenazas por escrito que le han llegado a Fredy Peccerelli y a Omar Bertoni Girón. Las amenazas en contra de ellos siguieron durante los primeros meses del 2006.

Según Fredy Peccerelli, el Estado de Guatemala ha adoptado una actitud variante dependiendo de la presión internacional que esté recibiendo en torno al caso de la FAFG. El Sr. Peccerelli afirma que tanto la actitud del Ministerio de Gobernación como la de Comisión Presidencial de Coordinación de Políticas Públicas de Derechos Humanos (COPREDEH) ha sido positiva, pero la actuación del Ministerio Público ha sido muy deficiente desde que comenzaron las amenazas. Según el, no hay voluntad política para que las investigaciones salgan adelante y las pocas ocasiones en las que han mostrado una buena actitud ante éste caso se debe exclusivamente a la presión ejercida por Embajadas u organismos internacionales. Por parte de la policía, se ha encontrado con serios inconvenientes, pero cree que se encuentran más relacionados con la falta de recursos o capacitación de los miembros de la PNC que con cualquier otra causa.

Afirma que se encuentran muy apoyados por la sociedad civil y que eso les reconforta, tanto a él como al resto de los compañeros de la FAFG. Sin embargo, no puede negarse el impacto de los ataque en el trabajo, ya que debe darse prioridad a las cuestiones de seguridad cuando los ataques se producen, y quedando relegado a un segundo plano las labores antropológico-forenses. Expone como ejemplo de esto su caso concreto, diciendo que él mismo ha asumido la dirección de la seguridad en la Fundación, además de ejercer las funciones de Director Ejecutivo que ya desempeñaba. Así, gran cantidad del tiempo que debería dedicarse a las labores propias de la Fundación se ha visto reducido por la necesidad de seguridad.

Fredy Peccerelli es de los pocos casos de defensores que reconocen abiertamente las consecuencias que en la vida personal tienen este tipo de dinámica. Él afirma que todos los miembros llegaron a modificar sus relaciones sociales. Dice que apenas ven a sus amigos y familiares, para no ponerlos en riesgo.

A pesar de los niveles de afectación personal y de continuación de los ataques, Fredy Peccerelli se considera afortunado por el apoyo recibido, ya que es de los pocos defensores en el país que recibe apoyo incondicional de la comunidad internacional presente en Guatemala, particularmente de las Embajadas del Reino Unido de la Gran Bretaña e Irlanda del Norte, Estados Unidos de América, Austria y del Reino de los Países Bajos.

D. Caso. HIJOS

Foto © SEDEM

Manifestación de HIJOS por la memoria de los desaparecidos, demandando justicia.

Hijos e Hijas por la Identidad y la Justicia contra el Olvido y el Silencio (HIJOS) fue fundada en Guatemala el 30 de junio de 1999. Siguiendo el modelo de una organización argentina, HIJOS buscaba ser un espacio de encuentro para jóvenes que perdieron familiares a causa de la represión estatal durante el conflicto armado interno o quienes tenían que huir al exilio como resultado de dicho conflicto. En su espacio organizativo HIJOS incorpora jóvenes que compartan sus ideales y sus luchas aunque no sean víctimas directas del conflicto.

Además, busca dignificar a las víctimas de la guerra, preservar la memoria histórica, luchar contra la impunidad y esclarecer las violaciones de derechos humanos cometidos durante el conflicto armado. La organización tiene una estructura horizontal e intenta ser autosostenible. Sus actividades han incluido obras de teatro, arte, murales, graffiti, festivales, charlas, terapia de arte, investigación y publicación de documentos, y proyectos de formación.

La presencia de vigilancia e intimidación contra HIJOS inició junto con su primer festival público que se hizo con ocasión de las exhumaciones que se realizaron en las instalaciones de la Policía Nacional Civil en junio de 1999. El 4 de septiembre del 2000 sufren junto con la Asociación de Familiares de Desaparecidos de Guatemala (FAMDEGUA) un allanamiento que tiene como objeto sustraer información sobre el caso judicial de la Masacre de Dos Erres, que ellos acompañaban.

En el 2001, HIJOS amplía sus actividades a la denuncia sobre tortura y acciones ilegales en contra de los jóvenes por parte de la Policía Nacional Civil. A consecuencia de estas acciones, empiezan a reportar hostigamiento por parte de agentes de la Policía Nacional Civil, tales como llamadas intimidatorias con música fúnebre a la sede de la institución.

En el 2002, las amenazas pasaron de ser grupales a ser dirigidas contra miembros individuales de la organización. Dos incidentes ocurrieron que no fueron registrados por el temor que había en el ambiente. Luego de esto las cosas parecieron tranquilizarse para HIJOS.

En el 2004, HIJOS forma parte del Bloque Antiimperialista y se une a las protestas en contra de los desalojos forzados de campesinos y el Tratado de Libre Comercio. En este contexto, el 30 de junio reciben amenazas directas por parte de miembros de las Fuerzas Armadas durante su marcha de protesta ante las celebraciones del Día del Ejército. Después de ese hecho, se desencadena una serie de acontecimientos supuestamente delincuenciales (robos a casas, robo de vehículos de los miembros, asesinatos de personas con los mismos apellidos, asesinatos de miembros de la organización) contra varios de sus miembros, que empiezan a percibirse como actos intimidatorios.

El 7 de enero del 2005, antes de la inauguración de la nueva sede, se percibe vigilancia cerca de la organización. El 9 de enero la sede es allanada, y los invasores se llevan el equipo de computación, el equipo de comunicación (altoparlantes y micrófonos que servían para la autosostenibilidad), material de oficina, negativos de fotos y rollos nuevos. Sin embargo, dejaron atrás cheques firmados que hubieron podido canjear por dinero.

El 7 de mayo intentan secuestrar a Francisco Sánchez, quien el año anterior había sufrido una serie de incidentes extraños. Sánchez estaba llenando de gasolina su carro y dos hombres se acercaron y trataron de introducirle a otro carro, pero al oponer resistencia logró escapar. El 12 de mayo se observaron hombres extraños cerca de la oficina y esa misma noche las oficinas fueron allanadas de nuevo. En esta ocasión, el allanamiento hizo más evidente la búsqueda de la información ya que seleccionan entre las dos computadoras que tenía el grupo, a la que guardaba la información, a pesar que no era la más moderna. Este allanamiento sucede en la misma época en que ocurren allanamientos en contra de organizaciones que participaron en las actividades de oposición al Tratado de Libre Comercio y a la Ley de Concesiones.

El 13 de mayo, varios integrantes de HIJOS fueron perseguidos mientras se encontraban juntos en un carro. Al sentirse acosados, se dirigieron a la policía. Asimismo, otros miembros de la organización sufrieron actos intimidatorios durante los días subsiguientes al allanamiento.

HIJOS es una de las organizaciones de derechos humanos más vulnerables de Guatemala. Sus posiciones políticas revolucionarias y constantes en el tiempo;; sus métodos heterodoxos, creativos y llamativos de trabajo; y la juventud de sus miembros; la convierte en un blanco relativamente sencillo para los perpetradores de represión contra los defensores de derechos humanos en el país. Las posiciones políticas tomadas por la organización –a menudo en contra de intereses influyentes– le niegan el grado de protección que acompaña la simpatía pública. Sus actividades, muchas veces en horas de noche y/o fuera de una oficina, aumentan los riesgos a sus miembros y hacen ciertas medidas de seguridad –como el acompañamiento internacional– más difícil. Igualmente, el hecho de que la organización sea una asociación de personas jóvenes no registrada, y que el trabajo de sus miembros es básicamente voluntario, significa que no cuenta con los recursos humanos, económicos y jurídicos que otras organizaciones tienen para prevenir y combatir la represión.

A pesar de todos estos factores en contra, la presión internacional ha obligado al estado de Guatemala a proveer algunas medidas de protección iniciales –mientras se mantuvo la sede en el lugar de los allanamientos– y la actuación del Ministerio Público se ha realizado con la misma efectividad/ negligencia de otros casos similares, aunque al inicio hubo que realizar una argumentación en torno al hecho de que la inscripción oficial de la organización no es un requisito, ya que la Constitución garantiza el derecho de asociación, reunión pacífica y libertad de expresión.

E. Caso. *Centro para la Acción Legal en Derechos Humanos*

Vista del allanamiento a la oficina de CALDH

A partir del año 2004, el Centro para la Acción Legal en Derechos Humanos (CALDH) se convirtió en el blanco de una ola de ataques que –en el lapso de 18 meses– llegó a incluir 30 acciones, y que no guarda relación con las 4 agresiones enfrentadas en los cuatro años precedentes. CALDH es una organización de derechos humanos muy prominente, y se encuentra entre las más grandes de Guatemala.

La organización tiene trabajo en muchas áreas –casos de genocidio, casos ante la Comisión y Corte Interamericana de Derechos Humanos, jóvenes (incluso maras), y mujeres– y su ex director es el actual presidente de la Comisión Presidencial de Derechos Humanos. A pesar de su papel protagonista en la escena nacional de derechos humanos, CALDH no fue sujeto de una mayor cantidad de ataques en años pasados. En 2000 se registraron tres ataques contra la organización, en 2001 y 2002 ningún ataque, y en 2003 sólo uno. Sin embargo, en marzo de 2004 empezó un patrón de ame-

91

nazas, hostigamientos, amenazas de bomba, secuestros temporales de trabajadores administrativos, allanamiento a la sede y a la casa de la directora
y robos que, a finales de junio de 2005, habían llegado a incluir por lo
menos 30 incidentes (ver gráfica). De ellos, 19 ocurrieron en un período de
tres semanas, entre el 14 de julio y el 9 de agosto de 2004.

GRÁFICA 21
Ataques contra CALDH por mes, 2004-2005

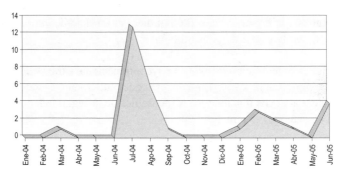

Fuente: Unidad de Protección a Defensores y Defensoras de Derechos Humanos-MNDH

La diversidad del trabajo de CALDH –mucho de ello sobre temas bastantes sensibles como el genocidio, los asesinatos de mujeres, y la minería–
significa que no hay una falta de razones para buscar intimidar o interferir
con el trabajo de la organización. Sin embargo, cabe preguntar ¿por qué
CALDH se convirtió en el objeto de ataques frecuentes solamente a partir
marzo de 2004?

Los ataques en contra de CALDH han afectado también a la Asociación
Justicia y Reconciliación, que lleva el proceso judicial por la masacre de
Plan de Sánchez que estaba en curso ante la Corte Interamericana de Derechos Humanos durante los primeros meses del 2004. Asimismo, han toca-
do a trabajadores que viven en Sololá, al occidente del país, además de los
que viven en la capital.

La Unidad de Protección ha manejado varias hipótesis durante el curso de
su análisis del presente patrón de ataques, atribuyendo diversos incidentes
a causas distintas. Sin embargo, eventos recientes han llevado a la conclu-

sión que la mayoría de estos ataques puede ser atribuida a una sola causa: los esfuerzos de CALDH por buscar justicia por las violaciones de derechos humanos cometidas durante el conflicto armado interno.

Paradójicamente, obtener medidas de protección para CALDH ha sido verdaderamente un calvario para la organización. A pesar de que la organización cuenta con medidas cautelares y que éstas han sido reiteradas en varias ocasiones por la Comisión Interamericana de Derechos Humanos, durante el 2004 y el primer semestre del 2005, fue virtualmente imposible conseguir que la Policía Nacional Civil diera el servicio de vigilancia en puesto fijo en la puerta de la institución.

De hecho, la organización recibió el apoyo internacional a través de visitas a la sede por parte de varios Embajadores que pudieron constatar que los ofrecimientos de los funcionarios responsables de la seguridad, no se traducían en acciones concretas.

La dirección de CALDH llegó a establecer que las órdenes eran giradas a nivel de la dirección de la Policía Nacional Civil pero, por una extraña razón, no se cumplían. Finalmente, a mediados del 2005, empezó a haber una presencia irregular de Policía cerca de las instalaciones de la organización. Usualmente, cuando va a venir una visita internacional se presenta la Policía Nacional Civil, luego desaparece.

***

VI.
La situación de los Defensores y Defensoras de Derechos Económicos, Sociales y Culturales

El movimiento social o de defensores de derechos económicos, sociales y culturales es de larga data en Guatemala. El movimiento sindical tiene sus orígenes con el inicio del siglo XX y, desde entonces, ha sufrido diversos ciclos de represión. Durante la década de los sesenta y setenta, el movimiento social tenía su bastión y fuerza en los movimientos sindical, campesino y estudiantil, que enarbolaban luchas en defensa de derechos como el salario mínimo, los derechos laborales, el derecho a la educación y salud para todos, así como el de organización.

A finales de la década de los setenta, emergió a la palestra pública un robustecido movimiento campesino con la demanda sobre la tierra y el acceso al crédito y a los medios de producción. Dichos movimientos fueron severamente reprimidos y golpeados por la contrainsurgencia durante el conflicto armado.

En la década de los noventa, se aprecia el resurgimiento del movimiento sindical y del movimiento campesino a través de las demandas de mejoras salariales y de la dinámica social que apuntaló el proceso de paz.

Luego de la firma de los Acuerdos de Paz, el movimiento sindical se ha visto fragmentado en tres grandes centrales que mantienen acuerdos de coordinación, lo que les permite participar en las mesas tripartitas para la determinación de salario mínimo y negociación de situación laboral. En general, los estudios de la Organización Internacional del Trabajo OIT reconocen que en Guatemala ha habido serios retrocesos en materia de libertad sindical y que no se ha logrado rebasar el porcentaje de la población económicamente activa sindicalizada en los últimos diez años.

El movimiento campesino está dividido en tres corrientes que divergen en torno a cuál es el camino para enfrentar la grave situación de falta de acceso a la tierra por parte de esta población. Sin embargo, en general, los une una comprensión común sobre el fenómeno. A diferencia del movimiento sindical, el campesinado es un movimiento en crecimiento y con amplias bases. Su capacidad de movilización es cada vez mayor.

Por otra parte, a partir de finales de la década de los noventa, y más claramente durante los primeros años del siglo XXI, más y más organizaciones de desarrollo y organizaciones de investigación están concentrando esfuerzos en el monitoreo del gasto y la inversión pública, para denunciar la ausencia de voluntad política para el impulso de los derechos económicos, sociales y culturales. En otras palabras, se ha ido desarrollando una capacidad para la exigibilidad. Esta capacidad se ha visto complementada con una participación responsable y sustentada técnicamente en dinámicas como el Pacto Fiscal y los Consejos de Desarrollo, en donde se discute el Presupuesto Nacional, tanto desde la parte de los ingresos como desde los egresos.

A pesar de que existe un esfuerzo por el desarrollo de una miríada de derechos, en general, el movimiento social aún no se reconoce como defensor de derechos económicos, sociales y culturales, por lo que no utiliza los mecanismos convencionales y extraconvencionales que están a su disposición para su lucha.

Al momento de escribir estas notas, el movimiento social impulsa las siguientes luchas como parte de su agenda:

- Exigencia por la atención a la situación de la tierra: política de tierras y de desarrollo rural, detener desalojos forzosos, cumplimiento de derechos laborales en el campo.

- Atención a la inseguridad alimentaria.

- Exigencia de impulso a las leyes de compensación ante el tratado de libre comercio.

- Oposición a las concesiones en contra de los intereses de la población: particularmente las concesiones mineras.

- Retoma a la integralidad del Pacto Fiscal: particularmente la persecución de evasión fiscal y eliminación de privilegios fiscales.

- Aumento del salario mínimo y reforma al Código del Trabajo.

- Oposición a las políticas de privatización de la educación, la salud y la seguridad social.

A. Características particulares de las formas de ataques

Entre el 2000 y el 2005, los defensores y defensoras de derechos económicos, sociales y culturales fueron objeto de 231 ataques. Los ataques en contra de defensores y defensoras de derechos económicos, sociales y culturales mantuvieron los primeros cinco años la misma tendencia, con un promedio de 26 ataques al año. Esa tendencia fue rota brutalmente en el año 2005 con 99 ataques en contra del sector, como lo muestra la gráfica a continuación.

GRÁFICA 22
Ataques contra Defensores de DESC por año*

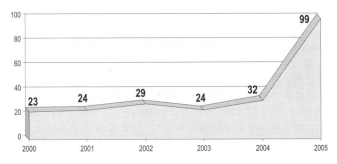

En este caso, todos los sectores tuvieron la misma conducta en el tiempo.

GRÁFICA 23
Sectores atacados de Defensores de DESC*

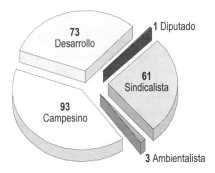

*Fuente: Unidad de Protección a Defensores y Defensoras de Derechos Humanos-MNDH.

De los sectores atacados dentro de los defensores de los DESC, el grupo más atacado es el liderazgo del movimiento campesino con un 40% de los ataques, las organizaciones y defensores de desarrollo recibieron el 32% de los ataques, y el liderazgo sindical recibió el 24% de los ataques.

Una mención especial debe hacerse sobre los defensores a un medio ambiente sano, ya que los niveles de ataques que este sector recibe son mucho más elevados de los que el registro maneja. Lamentablemente, la situación particular en que viven los defensores y defensoras del medio ambiente, les inhibe de hacer denuncias ante el Ministerio Público e incluso ante la Procuraduría de Derechos Humanos,[60] por lo que no cumplen el requerimiento para entrar a nuestro registro. Esto ha conducido a la realización de registros propios por parte de estos defensores.

El Centro de Acción Legal, Ambiental y Social de Guatemala (CALAS) ha anotado al momento 36 casos ocurridos entre el 2001 y el 2005. En un análisis general de su información sistematizada entre 1989 y 2005,[61] el 36% de los casos responden a ataques en contra del sector no gubernamental de defensores y otro 36% al sector gubernamental. Esto implica una frecuencia mucho mayor de ataques hacia defensores gubernamentales que en los sectores analizados al momento.[62]

En el mapa, los ataques mantienen una proporción distinta, ya que sólo el 36% de los mismos ocurre en el departamento de Guatemala y el resto se distribuye en el resto del país, siendo los departamentos donde más ataques ocurren, Izabal (15%), El Petén (10%) y El Quiché (10%). Los primeros dos departamentos se caracterizan por ser espacios donde la colonización de tierras se ve en disputa con el narcotráfico y otros tráficos ilegales.

---

[60] Usualmente reciben amenazas de muerte de personas particulares que pertenecen a redes de tráfico de maderas, animales u otros bienes protegidos. Si el defensor o defensora hace la denuncia contra la persona, ésta se entera, ya que es procedimiento regular informar al acusado de la acusación, lo que desata venganzas que suelen terminar con la muerte.

[61] El análisis estadístico de CALAS parte de un universo de 50 casos, de los cuales ocho en el período 1989-1995, seis entre 1996-2000. Esto implica que sus proporciones son totalmente válidas por la cercanía al período 2001-2005 analizado en este informe.

[62] La información obtenida es una versión preliminar del II Informe sobre Violaciones de los Derechos Humanos de Ambientalistas, Activistas Ambientales y Trabajadores Públicos de Gestión Ambiental y Naturales de Guatemala

GRÁFICA 24
**Ataques por ubicación geográfica
contra Defensores de DESC***

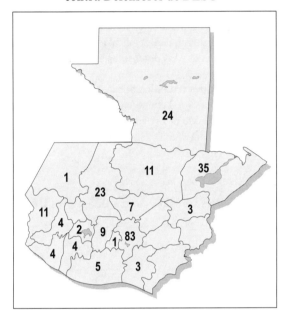

GRÁFICA 25
Género de los Defensores DESC atacados*

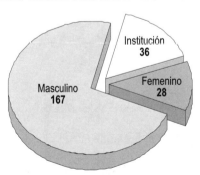

Fuente: Unidad de Protección a Defensores y Defensoras de Derechos Humanos-MNDH.

En cuanto al género de los defensores y defensoras atacadas de DESC, en este sector la proporción de defensoras atacadas baja al 12% del total, siendo una disminución de 11 puntos del promedio general.

Por otra parte, el ataque a las organizaciones es del 16%, que es tres puntos por debajo del promedio general. Esto implica que los ataques al sector DESC se orientan mayoritariamente a los defensores en lo individual.

En cuanto al tipo de ataques recibidos por los defensores y defensoras de DESC, hay que hacer notar que la conducta en este sector varía totalmente de la conducta general, ya que el 17% de los ataques son asesinatos, seguidos por el 15% que representan los allanamientos y el 14% que representan las amenazas en persona.

GRÁFICA 26
Tipo de delitos y hechos contra Defensores DESC

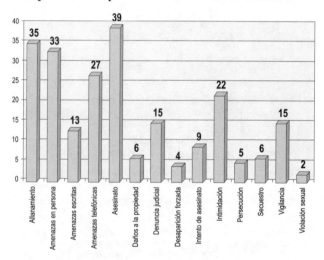

Fuente: Unidad de Protección a Defensores y Defensoras de Derechos Humanos-MNDH.

Es particularmente grave, el hecho de que el tipo de delito que se ejerce con mayor frecuencia contra el sector sea el del asesinato. El 74% de los mismos se cometen contra el liderazgo campesino, por lo que la mayor violencia está relacionada a la conflictividad agraria.

B. Hipótesis sobre las razones de los ataques

Consideramos que es más sencillo construir las hipótesis sobre los ataques contra los Defensores y Defensoras de Derechos Económicos, Sociales y Culturales, pues, en las agresiones contra la dirigencia local tanto en el sector campesino como en el sector sindical, está claro que estos hechos se vinculan más a la tendencia a la respuesta violenta ante la conflictividad.

Desde la mirada de los patrones que se observan en los ataques, como puede observarse en la siguiente tabla, el 41% de los mismos corresponde al patrón de enemigo específico, que es un aumento de 16 puntos porcentuales por sobre la tendencia general de los acometimientos.

También puede observarse que los siguientes patrones observados con mayor frecuencia son los de ataque a la base operativa (16%) y de descabezamiento (14%).

TABLA 5
**Patrones de los ataques recibidos
por los Defensores de DESC**

Ataque de desarticulación/paralización	25
Ataque de descabezamiento	33
Ataque de la base operativa	37
Ataque de múltiple objetivo/simbólico	17
Ataque de poder local/enemigo específico	94
Ataque para obtener información	23
Ataque por aprovechamiento	2

Fuente: Unidad de Protección a Defensores y Defensoras de Derechos Humanos-MNDH.

La existencia de un número elevado de acciones de desarticulación (11%), para obtener información (10%) y de múltiple objetivo (7%) indica la existencia de operaciones más típicas de los aparatos clandestinos de seguridad. En este sentido, el 47% de los ataques de desarticulación han sido orientados en contra de los sindicalistas, el 37% de los actos con múltiple objetivo también ha sido en contra de los sindicalistas y el 56% de las irrupciones para obtener información han sido orientadas en contra de organizaciones de desarrollo.

Por otra parte, a pesar del alto número de ataques que parecen responder a actos de conflictividad específica, llama la atención que aquéllos con indicios de planificación resultan elevados, lo cual implica que, aun cuando sean factores del poder económico los que estén enfrentados, la utilización de cuerpos ilegales o grupos de sicarios que emplean los mecanismos propios de los operativos de inteligencia, son parte del modus operandi. Sobre todo durante el 2005, se recibieron múltiples denuncias que involucraban a grupos de sicarios "de apariencia oriental."[63] Como puede observarse en la gráfica a continuación, el 48% de los ataques tuvo indicios de planificación, viéndose en mayor grado en los hechos contra el liderazgo campesino y el sector de desarrollo.

GRÁFICA 27
Indicios de planificación por sector de Defensores de DESC

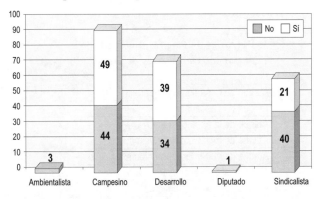

Fuente: Unidad de Protección a Defensores y Defensoras de Derechos Humanos-MNDH.

En cuanto a la conducta cíclica de los ataques, puede observarse que la misma mantuvo conducta similar a la observada en general por todos los ataques de defensores como indica la siguiente gráfica.

---

[63] En el caso de Guatemala, la apariencia oriental se refiere a las personas nacidas en el oriente del país, que suelen ser de ascendencia ladina y de mestizaje muy reciente, por lo que conservan aún muchos rasgos españoles.

GRÁFICA 28
Conducta cíclica de los ataques contra Defensores de DESC

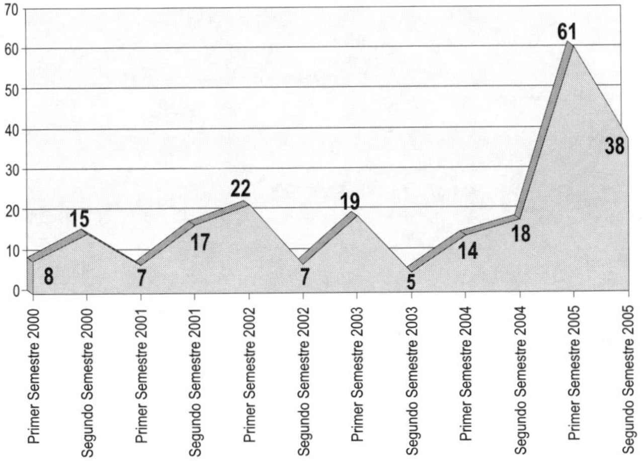

Fuente: Unidad de Protección a Defensores y Defensoras de Derechos Humanos-MNDH

C. Caso. *Coordinadora Nacional de Organizaciones Campesinas (CNOC) y las manifestaciones del 2005*

La Coordinadora Nacional de Organizaciones Campesinas (CNOC) es una organización que nace en 1992 y que aglutina a distintas organizaciones indígenas y campesinas que trabajan principalmente en la defensa de los derechos de los trabajadores del campo y la propiedad de la tierra. Su labor no sólo se dirige a la conflictividad agraria, sino también realizan tareas relacionadas con la denuncia de la represión durante el conflicto armado interno, la equidad de género, la interculturalidad y la defensa del medio ambiente.

Desde el año 2000, la Unidad de Protección ha registrado diez ataques contra esta organización. De ellos seis son asesinatos y todos han ocurrido en el 2000. El 8 de julio fue asesinado en Guatemala Juan Gabriel Pérez, mientras el 1 de agosto en los Amates, Izabal, Ana Dolores Hernández. En

102

Pancartas de la manifestación contra el TLC, 14 marzo 2005.

Flores, El Petén, fueron asesinados Andrés Cucul y Mateo Caal el 7 de noviembre. En Huehuetenango, fueron asesinados en La Democracia, el 16 de marzo, Pascual Méndez López y en Colotenango, el 8 de marzo, Francisca Dominga.

El 19 de marzo del 2003, a Daniel Pascual –el coordinador de la época– lo siguió un pick-up y al día siguiente, cerca de las oficinas del CUC, dos desconocidos se le acercaron y le dijeron que buscaban al "señor de la casa", uno de ellos sacó una .9mm y le apuntó a la cabeza y le robó su maletín.

El 5 de marzo del 2004, cuando la tensión provocada por la conflictividad agraria en El Petén era más fuerte, fue allanada la sede de Flores, cabecera departamental. Durante el ingreso ilegal a las oficinas los invasores sustrajeron material; días antes se había recibido en la oficina llamadas telefónicas en las que se les amenazaba.

El 8 de mayo del 2005, allanaron la sede de la capital, forzaron ocho puertas internas, con herramientas especiales, sustrajeron las 14 computadoras de la organización, una computadora portátil, una televisión, una videograbadora, una cámara digital y Q1,500.00. El hecho hubiera podido parecer vandálico, no ser porque fue el primero de una serie de allanamientos demostrativos en contra de organizaciones que participaron coordinadas por el MICSP –cuya sede funcionaba en CNOC– en las manifestaciones contra el TLC y la Ley de Concesiones.

Asimismo, el 10 de mayo, el Instituto de Estudios Comparados en Ciencias Penales de Guatemala (ICCPG), que es una organización vecina del CNOC y que prestaba sus instalaciones para que la organización campesina pudiera operar en la emergencia, sufrió un allanamiento demostrativo a pesar de contar con medidas cautelares.

El proceso de investigación de los hechos ocurridos al CNOC no ha avanzado. El allanamiento ha tenido muchas más diligencias de investigación que todos los hechos anteriores pero, no obstante, esto no ha redituado en la averiguación sobre los responsables. De hecho, la policía asignada al ICCPG se ha negado a testimoniar sobre el hecho que tuvo que haber sido notorio, debido a las dimensiones del allanamiento.

D. Caso. *Comunidades afectadas por la construcción de la hidroeléctrica de Chixoy*

FOTO © MARIA MARTIN

Juan de Dios García y Carlos Chen Osorio, Representantes de la Coordinadora de Comunidades de Víctimas de la Construcción de la Represa del Chixoy y de ADIVIMA.

La Coordinadora de Comunidades Afectadas por la Construcción de la Hidroeléctrica de Chixoy fue conformada en el 2004 para enfrentar un nuevo proceso de negociación y cabildeo con el estado de Guatemala ante el incumplimiento de los compromisos adquiridos en la construcción de la represa. Algunos de los líderes prominentes de la Coordinadora son también miembros de la Asociación para el Desarrollo de Víctimas de la Violencia Maya Achí (ADIVIMA), organización que vela por la promoción y protección de los derechos humanos, la cual trabaja, fundamentalmente, en el Municipio de Rabinal, Baja Verapaz.

Desde la época del conflicto armado, el INDE (Instituto Nacional de Electrificación) se mostró interesado en adquirir las tierras de las comunidades a la orilla del Río Negro para la construcción de la actual represa de Chixoy, pero los pobladores de las mencionadas tierras no se mostraron dispuestos a vender. Sólo después de la tercera masacre que el ejército de Guatemala realizó contra la gente que poblaba las comunidades, los sobrevivientes accedieron a la venta de los terrenos y el embalse fue construido. La represa afectó a 23 comunidades de tres Departamentos del país.

En 1998, un primer proceso de negociación con el estado, había resultado en el compromiso de cumplimiento de los compromisos adquiridos en la década de los ochenta. Sin embargo, el proceso no incluyó a todas las comunidades ni fue completado.

El 7 de septiembre de 2004, en protesta por el incumplimiento de las condiciones de compra que habían acordado con el INDE, la Coordinadora ocupó de manera pacífica la entrada a la represa de Chixoy –que según los registros de propiedad aún está a nombre de las comunidades– . Ante los hechos, la Procuraduría de Derechos Humanos se presentó para iniciar un proceso de negociación para lo cual la Coordinadora nombró a varios delegados que coincidentemente son miembros de ADIVIMA. El 8 de septiembre, el INDE abrió denuncia por terrorismo en contra de las personas que habían firmado dicha negociación. El 20 de enero del 2005, el Ministerio Público solicitó orden de captura contra Carlos Chen Osorio, Juan de Dios García Xajil, Antonio Vasquez Xitumul, Domingo Sic Rafael, Félix Alonzo Raymundo, Julio Santiago, Santiago Hernández y Víctor Lem Colorado por los delitos de amenazas, lesiones, atentado contra un servicio de utilidad pública, actividades contra la seguridad interna del estado, actividades contra la seguridad interna de la nación, terrorismo, coacciones y sedición. El 28 de diciembre de ese mismo año, la fiscalía y el INDE, como querellante adhesivo, formalizaron los cargos luego del período de investigación, solicitando la apertura del juicio, eliminando los cargos por terrorismo, coacciones y sedición. En esta acusación, el elemento principal de prueba en contra de los acusados es su firma en el acta de mediación de la Procuraduría de Derechos Humanos.

En la entrevista realizada con Carlos Chen y Juan de Dios García, ambos manifestaron haber recibido poco apoyo de las organizaciones nacionales o haberlo recibido muy tarde y haber sido respaldados más por organizaciones internacionales como Front Line y Amnistía Internacional. Además, la Comisión Interamericana de Derechos Humanos está dando seguimiento a su caso y creen que esta intervención resulta muy positiva para ellos porque puede evitar que se violen las debidas garantías del proceso.

Respecto de las distintas instituciones del estado que intervienen en el caso, prefieren no emitir ninguna opinión hasta que acabe el proceso, sólo expresando una opinión positiva acerca del papel que ha jugado la PDH en el intento de solucionar el conflicto, participando como mediador y en el seguimiento que han llevado del proceso.

Afirman haber querido enfrentarse al proceso con tranquilidad para no alarmar a sus familias, pero la gravedad de los cargos a los que afrontan les hace vivir bajo una gran tensión. Esta situación además supone un costo económico que para la gran mayoría es difícil asumir, a pesar de que la organización se ha hecho cargo de los gastos que conlleva el proceso.

La obligación de ir a firmar al Juzgado de Paz mientras el proceso continúe, para muchos, es una gran carga. Algunos de los sindicados pierden dos jornadas completas de trabajo en desplazarse hasta el juzgado más cercano y esto no sólo les supone gastos adicionales de desplazamiento y manutención sino además, les hace perder los ingresos que supone no trabajar esos dos días. Y para quienes viven en una situación económica tan precaria, esto implica tanto como no poder alimentar a sus familias.

Para ADIVIMA no sólo ha implicado un gran desembolso económico, sino también le ha supuesto perder mucha capacidad de trabajo, por la cantidad de recursos humanos y tiempo invertidos en el seguimiento del proceso.

***

VII.
Situación de los Defensores y Defensoras de los Derechos de los Pueblos Indígenas

Guatemala es un país pluricultural donde conviven los pueblos Maya, Xinca y Garífuna con la población ladina y otros grupos étnicos mestizos. Los tres primeros han sido víctimas del racismo y la discriminación, lo que ha tenido como consecuencia ser excluidos de los procesos de gestión de desarrollo en el país.

La expresión más grave del racismo en Guatemala fue la comisión de actos de genocidio durante el conflicto armado interno en contra de miembros del pueblo maya. El genocidio buscó reprimir lo que era una efervescencia del movimiento maya que empezó a hacerse notar en la década de los sesenta con los esfuerzos de normalización de los idiomas mayas y de afirmación de la etnicidad.

Ni el genocidio ni siglos de racismo pudieron acabar con la identidad maya y, en 1989, resurgió a la luz pública el movimiento maya en el marco de la Campaña Intercontinental de los 500 años de Resistencia Indígena, Popular y Negra. En 1992 se consolida el Movimiento Maya y se empieza a posicionar ante el estado con una serie de propuestas orientadas hacia el fin de la exclusión y el racismo, entre ellas la aprobación del Convenio 169 de la OIT.

En 1995 se aprueba el Acuerdo sobre Identidad y Derechos de los Pueblos Indígenas, que constituye una agenda para el pueblo Maya, Xinca y Garífuna para la reforma del estado, particularmente en materia de reforma educativa, de atención a los templos y lugares sagrados, de participación de los pueblos indígenas, de atención a las tierras indígenas, las reformas jurídicas y de combate a la discriminación.

La dinámica de propuesta y diálogo se ve ensombrecida por la poca voluntad política de los gobernantes por realizar los cambios necesarios para garantizar la reforma del estado. En 1999 se impulsa una reforma constitucional que busca un cambio para incorporar la visión de un estado pluricultural que reconozca los idiomas y el derecho consuetudinario. La consulta popular para dicha reforma desaprueba los cambios propuestos.

Entre el 2000 y el 2003 el movimiento maya e indígena en Guatemala sufre un momento de reflexión interna para el aprendizaje de las lecciones aprendidas durante su intento de realizar las reformas al estado siguiendo las reglas propuestas por los acuerdos de paz.

Sin embargo, mientras en el ámbito nacional los vaivenes de la política arremeten contra el movimiento, en el ámbito local el movimiento se ha ido consolidando generando cada vez más conciencia de identidad entre los indígenas. Los grupos que en la década de los ochenta defendían solamente derechos individuales, cada vez más se ven como actores de una lucha colectiva por el derecho a ser considerados iguales en un país que los considera ciudadanos de segunda categoría.

El movimiento maya guatemalteco ha tenido, desde la década de los ochenta, una gran capacidad de moverse tanto en el ámbito nacional como en el ámbito internacional. En el terreno internacional es parte del movimiento por la Declaración de los Derechos de los Pueblos Indígenas, del Foro Permanente para los Pueblos Indígenas, del Fondo Indígena, y otras instancias que buscan avanzar la causa de los derechos de los pueblos indígenas y originarios en el mundo.

Es así como, ante el fracaso de la agenda de los Acuerdos de Paz y los grandes rezagos en la implementación del Acuerdo sobre Identidad y Derechos de los Pueblos Indígenas –que se reconoce tiene la menor implementación de todos los acuerdos–, que el movimiento maya retoma a finales del 2003 una nueva alianza de las agendas de los distintos sectores dentro del movimiento para desarrollar un nuevo impulso. En esta nueva fase, la lucha en contra de la discriminación se vuelve un eje central de trabajo. En el 2004 Rodolfo Stavenhagen, Relator Especial para Pueblos Indígenas de la ONU, visita Guatemala para observar la situación nacional y confirma la gravedad del racismo en el país.

La agenda del movimiento maya e indígena en Guatemala no es una sola pero, en general, se observa que los diversos grupos coinciden en apuntalar los siguientes temas:

- Lucha en contra de la discriminación y el racismo, en particular la denuncia contra el genocidio.
- Lucha por los espacios de participación política a todo nivel.

- Demanda por el derecho a utilizar los idiomas, actualmente son 22 idiomas mayas oficialmente reconocidos.
- Demanda por el derecho a ser consultados sobre las políticas de desarrollo, aplicación del convenio 169 de la OIT.
- Demanda por una reforma educativa bilingüe e intercultural; particular énfasis sobre acceso a educación desde la cosmovisión maya y desde el idioma.
- Demanda por la aplicación del derecho maya (consuetudinario) y su coordinación con la justicia (nadie puede ser juzgado dos veces).
- Demanda sobre aplicación del Programa Nacional de Resarcimiento.
- Demanda por el respeto de la propiedad comunal de la tierra.
- Demanda por el respeto a la espiritualidad indígena.

A. Características de los ataques en contra de Defensores y Defensoras de los Derechos de los Pueblos Indígenas

Durante los últimos seis años, los defensores y defensoras de derechos de los pueblos indígenas han recibido 53 ataques. En este momento hay que realizar una advertencia en el sentido de que son muchos más los defensores indígenas que han recibido ataques, sin embargo no fue por defender un derecho colectivo sino en el marco de la defensa de derechos individuales relacionados con la tierra, la verdad, la justicia y otros derechos.

En este apartado analizaremos lo que le ocurre al defensor que defiende los derechos colectivos del pueblo indígena. De los 53 casos registrados por la Unidad de Protección, sobresalen 6 ataques en contra de sacerdotes mayas que han sido agredidos por el ejercicio de su religiosidad, que en el caso de Guatemala ya es parte de la defensa de los derechos humanos; 9 ataques por la defensa al derecho al ejercicio de la consulta de los pueblos indígenas; y 17 en relación al derecho a la participación de la mujer indígena.

A través del tiempo, los ataques han tenido dos momentos álgidos, el 2002 y el 2005. En el caso del 2002, una serie de agresiones en contra de organizaciones indígenas que trabajaban temas de discriminación y de guías espirituales mayas o sacerdotes mayas caracterizó la época. En el 2005, la disputa claramente fue en torno a la participación y el derecho de consulta.

110

GRÁFICA 29
Ataques por año contra Defensores de Derechos Indígenas*

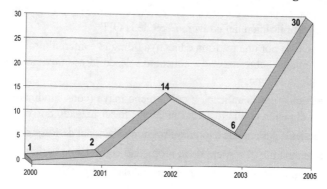

GRÁFICA 30
**Ataques por ubicación geográfica contra
Defensores de Derechos Indígenas***

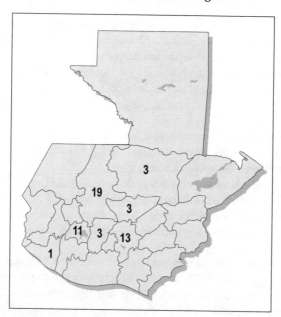

*Fuente: Unidad de Protección a Defensores y Defensoras de Derechos Humanos-MNDH.

111

Los ataques tienen una distribución geográfica distinta a la que se observa en los demás sectores, ya que el 36% de los ataques sucedieron en El Quiché, uno de los departamentos con mayor concentración de población indígena.

Por otra parte, observando el género del atacado, se identifica que las mujeres constituyen el 34% del total de atacados, estando por encima del porcentaje general. Asimismo, el ataque en contra de las organizaciones indígenas es de un 21%, lo que está un poco por encima de porcentaje general.

GRÁFICA 31
Género del Defensor de Derecho Indígena atacado*

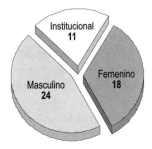

GRÁFICA 32
Tipo de delitos y hechos contra Defensores de Derechos Indígenas*

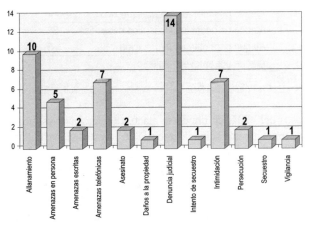

Fuente: Unidad de Protección de Defensores y Defensoras de Derechos Humanos-MNDH.

En cuanto al tipo de ataque sufrido por defensores de derechos indígenas, se observa en la gráfica anterior que el 26% de los ataques fueron denuncias judiciales abiertas en contra de dirigentes indígenas, seguidas por los allanamientos (19%) contra organizaciones indígenas, manteniendo la tendencia de otros grupos en cuanto al segundo tipo de ataques.

B. Hipótesis sobre las razones por las que ocurrieron los ataques

En el caso de los ataques en contra de defensores y defensoras de derechos de los pueblos indígenas, no existe una hipótesis única más que el subyacente racismo. Según se puede observar en la tabla siguiente, el 55% de los ataques corresponden al patrón de enemigo específico o poder local, repitiendo el patrón que tiene el liderazgo campesino. De esa cuenta, al buscar una explicación, debe recurrirse a la investigación de los casos en lo individual, lo cual no ha ocurrido a lo largo de los últimos años.

TABLA 6

**Patrones de los ataques recibidos por los
Defensores de Derechos Indígenas**

Ataque de desarticulación/paralización	13
Ataque de la base operativa	1
Ataque de múltiple objetivo/simbólico	4
Ataque de poder local/enemigo específico	29
Ataque para obtener información	5
Ataque por aprovechamiento	1

Fuente: Unidad de Protección a Defensores y Defensoras de Derechos Humanos-MNDH

En los casos del 2002, en donde se atacó a organizaciones indígenas que tenían en común la realización de trabajos de investigación o denuncia sobre discriminación, se podía pensar un caso sobre un posible móvil más especializado, pero los ataques cesaron en el tiempo y no volvieron a ocurrir. Entre ese ciclo de violencia ocurrieron los dos asesinatos de guías espirituales mayas y otros tres asesinatos más de líderes mayas cercanos a organizaciones indígenas, que serán explicados en los casos a continuación y, como se verá, tienen una fuente de explicación en la conflictividad local.

Los casos del 2005 se expondrán a continuación y ambos tienen hipótesis propias que descifran lo que ocurre, tanto en Sololá como en Nebaj. Lo que queda claro es que existe una tendencia en la situación general de defensores de derechos humanos que empieza a colocar a los defensores de derechos indígenas en mayor riesgo, por lo que no debe descuidarse la atención y protección de estos defensores.

C. Caso. Los asesinatos de guías espirituales y liderazgo indígena

Durante la noche del 2 de mayo del 2003, en el cerro de Chi Flores en Rabinal, Baja Verapaz, el guía espiritual achí Gerardo Cano Manuel se encontraba celebrando una ceremonia maya, cuando de la nada apareció un hombre con ropa camuflada y la cara pintada, quien le disparó asesinándole en el lugar.

El 16 de diciembre del 2002, Marco Sical López, otro guía espiritual achí de Salamá, Baja Verapaz, fue asesinado en su casa, en presencia de su esposa, por parte de dos hombres armados.

Ceremonia Maya

El 5 de abril del 2003, apareció el cuerpo de Diego Xon Salazar, guía espiritual quiché y miembro del GAM, luego de haber sido secuestrado tres días antes en Chichicastenango, El Quiché.

Estos tres hechos sangrientos, unidos a otros hechos en contra de guías espirituales, y la memoria del asesinato con tortura de Manuel García de la Cruz, líder indígena de la Coordinadora Nacional de Viudas de Guatemala (CONAVIGUA) ocurrido el 6 de septiembre del 2000, llevó a las organizaciones mayas a demandar del Ministerio Público una respuesta rápida y efectiva ante los hechos que aparentaban tener como objeto perseguir a los guías espirituales.

Los cuatro casos fueron asumidos por la Fiscalía Especial para Defensores y organizaciones indígenas y resultaron en acusaciones formales. En el caso de Gerardo Cano Manuel, la fiscalía vinculó el caso a tres personas, uno de ellos un policía, esgrimiendo la hipótesis de que había un problema entre el guía espiritual y los acusados por el proyecto de riego que compartían. En este caso, la fiscalía no pudo probar la vinculación de los acusados con el asesino ya que los testigos no pudieron ver las facciones del sicario. El caso sigue en la impunidad y en un misterio por qué fue asesinado en el marco de una ceremonia maya, Gerardo Cano Manuel y quién lo hizo.

En el caso de Marco Sical López, el Ministerio Público acusó a dos personas que fueron reconocidas por la esposa del guía espiritual como autores del asesinato. El móvil del crimen es, según el Ministerio Público, el robo de la bomba de agua por parte de los presuntos asesinos, y el papel del guía espiritual en establecer su responsabilidad a través de los sueños. Durante el juicio, los acusados demostraron que no se encontraban en Salamá el día del asesinato y quedaron libres.

En el caso de Diego Xon, el guía espiritual había denunciado amenazas de muerte por una disputa de tierra, por parte de un primo que había sido patrullero de autodefensa civil. Las denuncias habían sido interpuestas ante el Juzgado de Paz y éste no había actuado. El día de la desaparición, la familia había denunciado el hecho, ya que los hijos habían presenciado el secuestro en donde participaron hombres vestidos de soldado. Sin embargo, ni el Juzgado de Paz ni la policía actuaron para buscar al guía espiritual. En este caso, el Ministerio Público logró determinar la participación del primo en el secuestro y asesinato y obtuvo sentencia condenatoria. No obstante, nunca investigó la participación de los hombres vestidos de soldado.

A Manuel García de la Cruz le torturan antes de asesinarlo, le extraen los ojos y la lengua y, le abren el estómago. El mensaje parecía claro: Manuel García colaboraba con CONAVIGUA en actividades de exhumaciones y su asesinato era una forma de hacer parar el proceso. El hecho ocurre cuando inicia este nuevo proceso de ataques en contra de defensores. Cuando el

Ministerio Público interviene, logra determinar el lugar en donde el líder indígena fue torturado y asesinado. Asimismo, define un móvil del crimen y afirma que no es político, sino que se trata de una disputa de tierras. Sin embargo, el MP no logra explicar por qué la tortura. Con los elementos que tiene, reacusa a un familiar de García y a las personas propietarias de los lugares en donde se presume fue asesinado y torturado. Empero, procede a la acusación sin establecer con claridad la responsabilidad individual de cada uno de los acusados. La familia y los testigos reciben amenazas y deciden ya no participar en el proceso, lo que permite que queden en libertad todos los acusados.

De todos los casos de guías espirituales y líderes indígenas asesinados que se investigó, sólo uno tiene sentencia en firme. Curiosamente, aunque el móvil del asesinato fue un asunto personal, la falta de actuación del estado y la posible participación de agentes del estado en el asesinato lo convierte en una violación de derechos humanos.

D. Caso. *Persecución contra la alcaldía indígena de Sololá*

Dominga Vásquez. Plática en la Alcadía Indígena

La **Alcaldía Indígena de Sololá** es una estructura de la autoridad maya tradicional. La Alcaldía recibe peticiones de las comunidades mayas, promociona el desarrollo local y lleva a cabo acciones de consulta y organización desde la cosmovisión maya. La Alcaldía Indígena forma parte del FRENTE NACIONAL DE LUCHA CONTRA LA MINERÍA, con una incidencia constante en todos los municipios del departamento. Se encarga de informar a la población sobre el tema.

Dominga Vásquez ejercía durante el 2004 el cargo de Alcaldesa Indígena de Sololá. En esa misma época eran colaboradores de la alcaldía indígena: Marcelino Cumatz y Pedro Saloj del Consejo Oxlajuj Aq'ad'dal. Juntos deciden apoyar una consulta a la comunidad sobre una solicitud recibida, en diciembre del 2004, por parte de la compañía minera "Montana" para desmontar una pasarela que habían construido sobre la carretera Interamericana, para facilitar el traslado de un cilindro gigantesco. La comunidad de Sololá decide que no y la Sra. Vásquez traslada la decisión. Esto hace que un convoy que trasladaba el tubo, necesario para el proyecto minero de San Miguel Ixtahuacán en San Marcos se quede varado en Sololá. Todo este proceso es cubierto por Alfonso Guárquez, miembro del Centro de Reportes Informativos sobre Guatemala (CERIGUA), en su labor de reportero.

El 12 de enero del 2005, una fuerza combinada de policía y ejército con 800 efectivos, se movilizó para desmantelar la pasarela y acompañar el paso del tambor. Al darse cuenta de que la pasarela estaba siendo desmantelada, la población salió a la calle a manifestar su rechazo en la aldea Los Encuentros. En ese momento, las fuerzas de seguridad atacaron a los manifestantes y dieron muerte al campesino Raúl Castro Bocel. Posteriormente, en su entierro, la población enardecida le prendió fuego a una patrulla de la Policía Nacional Civil.

El 12 de enero del 2005, el Gobernador departamental demandó a Marcelino Cumatz, Pedro Saloj Poj, Alfonso Guárquez, Carlos Humberto Guárquez y Dominga Vásquez, responsabilizándolos de los hechos ocurridos en la aldea Los Encuentros. La acusación formal del gobernador, y respaldada por la fiscalía, es por los delitos de coacción, amenaza, sedición, pertenecer a grupos ilegales armados y portación ilegal de armas. A los implicados se les amenazó con ordenar de inmediato su detención, aunque no se confirmó que la misma se emitiera. . Además, en otro procedimiento jurídico, las autoridades responsabilizan a la Alcaldesa Indígena, por la quema de la radiopatrulla de PNC,. Las órdenes de detención no se ejecutan y actualmente, el caso sigue abierto sin que el mismo llegue a acusación formal ante juez ni que se sobresea, por lo que constituye una amenaza constante.

Además de esto, Dominga Vásquez recibió el 6 de enero amenaza de muerte por teléfono, por encabezar un movimiento contra las licencias de extracción minera. En idioma kaqchiquel le dijeron que se atuviera *"a las consecuencias por haber encabezado la manifestación del 3 de diciembre,"* para obstaculizar el paso del cilindro para extracción minera. *"¿Por qué te enojás con el gobierno y te oponés al paso del cilindro?"* Ella le pidió identificarse y le contestó que tarde o temprano sabrá de quién se trata.

El 25 de marzo vuelve a ser amenazada, junto con Carlos y Alfonso Guárquez. En esta ocasión, varios desconocidos incendian un vehículo de la organización Fundamaya que utiliza el Sr Carlos Guárquez, y dejan 5 volantes con el mensaje: *"por meterte en babosadas de la sociedad, esto te pasa señor Carlos Humberto Guárquez, mañana será tu día de desaparecer de este mundo. A todo coche le llega su día sábado. La señora Dominga Vásquez y su supuesto esposo Alfonso Guárquez."*

Ninguna de las amenazas e intimidaciones en contra de los defensores ha sido investigada por la fiscalía que, además, es la misma que conoce la causa en contra de los amenazados.

Las otras dos organizaciones involucradas en este caso son CERIGUA agencia de noticias que tiene una red de corresponsales en el interior del país con participación de organizaciones sociales, lo que posibilita conocer y comunicar las necesidades de la población organizada. Actualmente, la agencia cuenta con quince corresponsalías debidamente tecnificadas, que transmiten información de interés para sus comunidades. Además, tiene comunicadores sociales y populares de las organizaciones locales capacitados por ellos. Alfonso Guárquez es reportero de Cerigua en Sololá y mantiene el contacto con las comunidades sobre cualquier situación que amerite ser informada a la población.

FUNDAMAYA (Fundación Maya) trabaja programas de desarrollo con población indígena y forma parte del Frente Nacional de Lucha Contra la Minería, que hace conciencia a la población del daño que causará la actividad minera en el departamento, coordinando actividades con la alcaldía Indígena de Sololá para trabajar este tema. Carlos Humberto Guáquez es uno de los dirigentes y coordinador del área de Sololá en la defensa de los derechos del pueblo indígena además de representante de Fundamaya en el Frente Nacional de Lucha Contra la Minería.

E. Caso. El derecho de participación de la mujer indígena y las consecuencias en la defensa del derecho

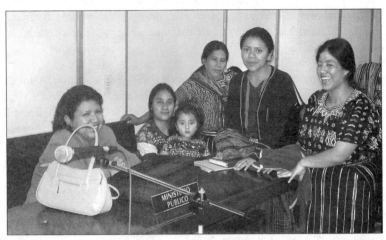

Miembros de la Coordinadora de Mujeres de El Quiché con la fiscal del Ministerio Público
en la audiencia contra uno de los autores materiales del robo cometido en su contra.

La **Coordinadora de Organizaciones de Mujeres de El Quiché** tiene trabajo en varios municipios del departamento. La Coordinadora es una organización de mujeres Maya-Kiche' que se constituyeron para defender el derecho de participación en el desarrollo de las mujeres indígenas.

La mayor parte de su actividad se realiza en Nebaj, al norte del departamento, donde realizan, entre otras cosas, el otorgamiento de microcréditos a través de bancos comunales de mujeres.

En el segundo semestre del 2004, las dirigentes de la Asociación de Desarrollo Integral de Mujeres Ixiles de la Aldea La Pista Nebaj, miembro de la Coordinadora, fueron asaltadas, mientras llevaban el dinero recaudado para el fondo de microcrédito de la organización. Como resultado de su denuncia, el Ministerio Público investigó y demostró que dicho asalto fue cometido, en el marco de las acciones de un grupo ilegal dirigido por el Alcalde de Nebaj, Virgilio Jerónimo Bernal Guzmán. Las mujeres de la Coordinadora decidieron continuar con la acusación en contra del Alcalde y el proceso aún continúa. Su decisión se enmarca en una lucha más profunda en

Nebaj por recuperar el gobierno municipal de las manos de una red criminal, para los intereses del pueblo.

La Sra. Juana Bacá, trabajadora de la organización, ha sido constantemente amenazada desde que se llevaron a cabo las diligencias oportunas para el enjuiciamiento del caso y de los responsables. El 10 de febrero del 2005, en el parque de Santa Cruz, cabecera del departamento, un hombre la persiguió, le amenazó y, finalmente, le ofreció dinero para que dejara el caso contra el Alcalde de Nebaj. El 3de marzo, a su casa en Nebaj llegaron dos hombres desconocidos y dijeron que se presentara en el Banco, que allí la esperaba la presidenta de la asociación para que fueran a sacar el dinero, y que si no lo hacían la iban a matar. En el Banco les informaron que alguien había preguntado por el saldo de la cuenta. Un mes después, su casa amaneció pintada con letras donde decía que Juana Bacá se iba a morir y firmado con "X3 y MS13". El 22 de abril, desconocidos llegaron en un vehículo a su casa y dispararon una descarga de municiones. Al retirarse, lo hicieron con nuevos balazos alrededor de su domicilio.

Pero los ataques contra ella no acabaron aquí. Ya iniciado el proceso contra el Alcalde Bernal, el 21 de septiembre del 2005, éste interpuso una demanda judicial contra ella y otras seis personas más, miembros de distintas organizaciones sociales e indígenas de Nebaj, por apoderamiento de documentos de la Municipalidad, detención ilegal del Secretario Municipal y del Juez. Esta acusación la hizo después de una manifestación realizada en Nebaj contra el Alcalde, en donde participaron las otras seis personas acusadas. Sin embargo, la Sra. Bacá no estuvo en la manifestación y, sin embargo, fue acusada, como una represalia por participar como querellante adhesiva en el juicio que lo involucra en el asalto en contra de la organización de mujeres.

Una semana después de que el Alcalde acusó a la Sra. Bacá, sorpresivamente, el señor Miguel Cobo Raymundo (testigo a favor de la Coordinadora de Mujeres en el juicio que involucra al alcalde en el asalto y que posteriormente renunció al proceso) demandó a la señora Juana Bacá, y la acusó de coacción y de buscarle en repetidas oportunidades para que declarara contra el alcalde. El señor Raymundo dijo que ella le había informado que estaba buscando testigos para afectar al alcalde.

Aura Lolita Chávez Ixquic también es integrante de la organización y, en fechas semejantes a las de la Sra Bacá, ha sido víctima de distintas intimidaciones. El 17de febrero del 2005, la ambulancia de la Municipalidad de Nebaj intentó atropellarla cuando transitaba por una de las calles de este lugar. El 22 de abril fue perseguida desde un vehículo por hombres desconocidos en Santa Cruz de El Quiché y después volvió a ser perseguida por varias cuadras, cuando salía de una reunión

Ya en mayo, un día después de la audiencia pública del caso que señala al funcionario de pertenecer a una banda de asaltantes, simpatizantes de este Alcalde llevaron a cabo una manifestación en su apoyo, en la que gritaban que, si no dejaban de molestar al señor alcalde, no respondían de lo que pudieran hacer y que iban a tomar medidas de desalojo en 30 días, ya que él es un hombre bueno; los manifestantes insistían en que tomarían acciones.

***

VIII.
Situación de las Defensoras de los Derechos de las Mujeres

El movimiento de mujeres en Guatemala es uno de los de más largo aliento que otros movimientos nacionales, tan sólo superado por el sindicalismo. A través de su historia, ha transitado por diversos momentos e influjos del pensamiento; pero, sin lugar a dudas, avanza con paso firme.

El conflicto armado interno también se ensañó contra las mujeres cuyo cuerpo fue un espacio más de la batalla. La acción contrainsurgente acalló voces prominentes, como la de Rogelia Cruz,[64] Alaíde Foppa,[65] Irma Fláquer[66] y Adelina Caal,[67] y cometió la ignominia de la violencia en contra de ellas como acto de demostración de fuerza en el marco de la guerra. La violencia y violación sexual fueron parte del botín para los soldados en las masacres cometidas por casi todo el país. El cuerpo de la mujer fue un espacio más de la batalla.

En 1985, con la llamada transición democrática, el movimiento de mujeres se rearticula y empieza su lucha por la conquista de espacios políticos, reformas legislativas, espacios públicos y el derecho de ser. De la escasa participación en el Congreso y menor participación en el Ejecutivo, las mujeres se organizan, independientemente de las banderas políticas, para alcanzar los diversos anhelos: entre ellos la paz.

Aunque en los Acuerdos de Paz, el compromiso hacia ellas se reduce a la instalación del "Foro Nacional de la Mujer" para discutir las formas de

---

[64] Rogelia Cruz era estudiante universitaria y había sido Miss Guatemala. Torturada, violada y asesinada en los años 60, supuestamente por pertenecer a una organización revolucionaria.

[65] Alaíde Foppa era poeta y escritora feminista que denunciaba las injusticias sociales. Fue desaparecida durante el gobierno de Lucas García. Varios de sus hijos formaban parte de una organización revolucionaria.

[66] Irma Fláquer era periodista y columnista. Sus investigaciones periodísticas la llevaron a denunciar los actos de represión del régimen. Fue secuestrada y desaparecida en circunstancias aún no esclarecidas.

[67] Adelina Caal, "Mamá Maquín", era una anciana dirigente campesina indígena Q´eqchi´, asesinada cuando encabezó una manifestación frente a la alcaldía de Panzós, Alta Verapaz, que fue reprimida a balazos por el ejército y la policía, el 29 de mayo de 1978.

participación, el Foro se convirtió en un movilizador y articulador nacional. De ese Foro surgió una política nacional de la mujer, de donde se desprende luego una agenda de trabajo que impulsa la Secretaría Presidencial de la Mujer. Asimismo, el Foro sirvió de espacio para el impulso de los Consejos de Desarrollo Urbano y Rural, desde donde las mujeres han consolidado las políticas públicas identificadas.

Durante los últimos años se ha logrado avanzar en algunos cambios a la legislación discriminadora en materia penal y civil, quedando aún varios aspectos pendientes. Se logró tipificar la violencia intrafamiliar y endurecer penas en materia de violencia sexual. Aún sigue postergado mejorar la tipificación del acoso sexual.

Aunque la mujer tiene mayores niveles de participación política, aún no accede en forma igualitaria a los puestos de elección y decisión. Una muestra de las resistencias sociales a estos cambios lo constituye el fenómeno creciente de asesinatos de mujeres que, de acuerdo con la opinión de algunas analistas e investigadoras, constituye feminicidio.

Entre 2002 y 2004, se registraron 1,227 asesinatos de mujeres, según el Centro para la Acción Legal en Derechos Humanos. De estos, sólo siete habían tenido un proceso de investigación y habían tenido una sentencia en firme.[68] Un informe de, la Bancada de la URNG en el Congreso de la República, señala que para agosto del 2005, la cifra de mujeres asesinadas[69] era de 427.

Una parte del movimiento de mujeres considera que la situación es producto del feminicidio mientras que otra parte del mismo, atribuye el fenómeno a la violencia intrafamiliar y al deterioro social. Independientemente de la caracterización del problema, el movimiento de mujeres ha unificado esfuerzos para poner un alto a la violencia contra la mujer en Guatemala.

El movimiento de mujeres se articula con otros movimientos, como el de derechos humanos y el de derechos económicos, sociales y culturales, manteniendo su autonomía y su visión propia. En general, existe una tensión

---

[68] Ver en CALDH. Asesinatos de mujeres: expresión del feminicidio en Guatemala.

[69] Ver URNG. Feminicidio en Guatemala; crímenes contra la humanidad.

por la falta de adopción de una sensibilidad de género y de superación de la discriminación de género de los otros movimientos.

En cuanto a la utilización de los mecanismos convencionales y extraconvencionales, las mujeres han logrado que, tanto la Relatora Especial sobre Violencia contra la Mujer de la ONU y la Representante Especial para las Mujeres de la Comisión Interamericana de Derechos Humanos, visiten y tengan a Guatemala en su agenda.

Entre los temas que se encuentran actualmente en la agenda de las mujeres están:

- Campaña: No más violencia en contra de las mujeres
- Impulso de la Política Nacional de Promoción y Desarrollo de las Mujeres y de un presupuesto acorde: apoyo a las iniciativas de impulso al Pacto Fiscal.
- Impulso de la tipificación del acoso sexual como delito
- Impulso de una legislación de cuotas
- Fortalecimiento de los procesos de atención a la violencia intrafamiliar
- Denuncia y atención a la situación de las mujeres trabajadoras de casa particular y las que trabajan en la maquila.

A. Características de los ataques contra las Defensoras de Derechos de las Mujeres

Durante los últimos seis años, sólo se han registrado 16 ataques en contra de mujeres defendiendo derechos de mujeres. Como muestra la GRÁFICA 33, el último año ha significado un aumento de los ataques en contra de este sector. En este sentido, hemos detectado que existe un subregistro en cuanto a los hechos de amenazas e intimidaciones en contra de los familiares de las víctimas del fenómeno de asesinato de mujeres, así como de las organizaciones que trabajan directamente con las víctimas.

En cuanto a la ubicación geográfica de los ataques, el 56% son en la capital y de allí, el próximo departamento con la frecuencia alta es El Petén, donde los incidentes se han concentrado contra la Asociación de Mujeres Ixquic.

124

GRÁFICA 33
Ataque contra Defensoras de Derechos de la Mujer por año*

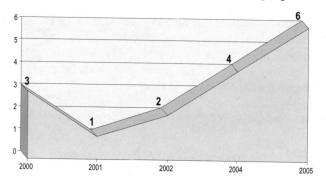

GRÁFICA 34
Ataques por ubicación geográfica
contra Defensoras de Derechos de la Mujer*

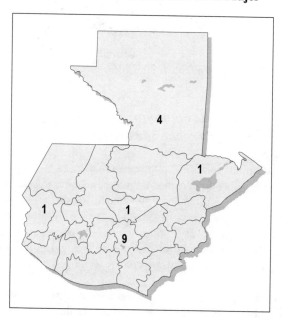

Fuente: Unidad de Protección a Defensores y Defensoras de Derechos Humanos-MNDH.

Cuando se hace el análisis sobre los ataques, se observa que el 62% de los mismos se han realizado contra las organizaciones de mujeres. Esto implica que las agresiones se han orientado más claramente hacia la función de las defensoras.

En cuanto al tipo de delito que se comete en contra de las defensoras, como puede observarse en la gráfica a continuación, el 37% de los ataques han sido allanamientos y el siguiente tipo de ataque es daños a la propiedad (19%), que es una forma de allanamiento.

GRÁFICA 35
**Tipo de delitos y hechos cometidos contra
Defensoras de Derechos de la Mujer**

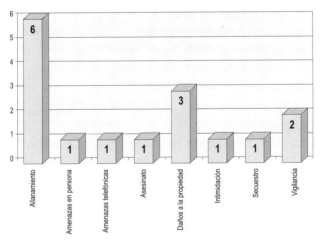

Fuente: Unidad de Protección a Defensores y Defensoras de Derechos Humanos-MNDH.

B. Hipótesis sobre las razones porqué se dan los ataques

Como se puede observar en el apartado anterior, al menos hay un número significativo de ataques orientados hacia las organizaciones agredidas, ocurridos en los años 2004-2005. Cabe señalar que a finales del 2003 una serie de organizaciones de mujeres y líderes del movimiento impulsaron una campaña denominada "No más Ríos de Sangre" desde el colectivo Nosotras Las Mujeres que llamó a no votar por Efraín Ríos Montt a través de recordar la memoria de las personas asesinadas durante el régimen de dicho general. Durante esta campaña sufrieron una serie de intimidaciones que no fueron denunciadas pero que parecen marcar ese aumento de agresiones. Si vemos los patrones de los ocurridos contra las defensoras de derechos de las mujeres, se corrobora la percepción de que el objeto de los ataques es entorpecer la actividad y obtener información de la misma. Véase la siguiente tabla.

TABLA 7
**Patrones de los ataques recibidos por las
Defensoras de los Derechos de las Mujeres**

Ataque de descabezamiento	3
Ataque de la base operativa	5
Ataque de múltiple objetivo/simbólico	2
Ataque para obtener información	5
Ataque por aprovechamiento	1

Fuente: Unidad de Protección a Defensores y Defensoras de Derechos Humanos-MNDH.

De hecho, el 62% de los hechos tienen indicios de planificación. Cuando vemos quiénes son las organizaciones y defensoras afectadas, observamos que los elementos en común es que han llevado su defensa de derechos al plano de la exigibilidad judicial, ya sea por violencia sexual o feminicidio.

Los dos casos descritos a continuación son significativos para mostrar lo que puede estar ocurriendo a las defensoras de derechos de las mujeres y que no se ha hecho público.

C. Caso. Asociación de Mujeres Ixquic

La Asociación de Mujeres Ixquic es una organización de mujeres no lucrativa que busca mejorar la participación cívico política de las mujeres de El Petén. La Asociación surge con el Foro de la Mujer con la necesidad de darle continuidad al esfuerzo iniciado. Entre las actividades que

Foto © María Martín

Miembros y trabajadoras de la
Asociación de Mujeres Ixquic

realizan hay programas de alfabetización, regularización de migrantes, asesoramiento a víctimas de la violencia contra las mujeres, acceso a la justicia para las mujeres, incidencia política, participación en los Consejos de Desarrollo, entre otros.

Para la Asociación, todo empezó cuando fueron consecuentes con sus procesos de formación con mujeres y sus beneficiarias empezaron a denunciar ante los tribunales situaciones de violencia intrafamiliar, acoso sexual, violación sexual y estupro. La Asociación decidió acompañar a las madres y/o víctimas ante los tribunales, lo que las convirtió en expertas del derecho por necesidad. Además de buscar consejos legales para el caso, también empezaron a hacer públicos los hechos, particularmente una serie de incidentes de acoso sexual de maestros en contra de niñas alumnas. Ante la inacción del sistema de justicia, las mujeres de la Asociación Ixquic contrataron a abogadas y procuradoras jurídicas que apoyaron en impulsar medidas administrativas contra jueces que bloqueaban la aplicación de la justicia.

A mediados del 2005, los juicios empezaron a prosperar y un juez fue removido de su cargo. A las amenazas comunes de esposos airados o acusados enojados, se sumaron una serie de actos intimidatorios en contra de varias miembras de la organización. Sin embargo, las amenazas pasaron desapercibidas, hasta que el 31 de octubre del 2005 fue allanada su oficina. Les registraron los archivos que estaban identificados con el programa de incidencia y les robaron la cámara fotográfica.

Creyeron que el allanamiento obedecía a las amenazas que habían recibido en relación a un caso de divorcio que llevaban. Pero el 7 de noviembre volvió a ser allanada su oficina. Esta vez, registraron los archivos de administración y dejaron evidencias de inspección del libro de actas. Días previos y posteriores a ese allanamiento, varias trabajadoras y miembros de la asociación sufrieron vigilancia y llamadas de amenaza.

El 10 de noviembre se encontraron con un nuevo allanamiento. Ahora los intrusos habían ejercido violencia, pues destruyeron las persianas y robaron la televisión. Durante la invasión registraron los archivos de casos, de manera que quedó claro que lo que ocurría no podía ser por un solo caso.

La fiscalía no hizo mayores investigaciones en los allanamientos y, al ser consultada sobre el hecho, señala que no se explican lo que ocurre, porque usualmente las venganzas por casos no son así en El Petén y los robos tampoco. Luego de una gran presión internacional, el proceso fue trasladado a la Unidad de Delitos contra Activistas de Derechos Humanos, pero tampoco ha habido avances.

Durante el 2006 han seguido ocurriendo ataques contra la organización, cuyas integrantes a pesar de encontrarse muy atemorizadas, mantiene la decisión de seguir apoyando los casos. En buena medida están concientes que el tocar el sistema de justicia en El Petén, es tocar los intereses del narcotráfico y otros poderes paralelos, pero que los derechos de las mujeres son más importantes.

Actualmente cuentan con medidas de protección policial que son muy irregulares y que no han inhibido nuevos hechos de intimidación.

D. Caso. Rosa Franco

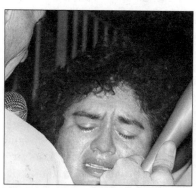

Rosa Franco

Entre el 16 y el 17 de diciembre del 2001 fue asesinada en la ciudad de Guatemala, Maria Isabel Véliz Franco, de quince años de edad. María Isabel fue violada y torturada. Su madre, Rosa Franco, inició ese día un largo camino por la justicia, enfrentándose a un sistema que trató a su hija no como víctima sino como responsable de lo ocurrido. La Sra. Franco decidió continuar sus estudios de derecho y realizar, por su cuenta, las investigaciones necesarias para dar con el paradero de los asesinos de su hija.

Su peregrinar y determinación, le permitió identificar el nombre de los asesinos y su vinculación con grupos que les protegen, lo que le valió en el 2004 una serie de amenazas. Su misma actitud, hizo que el asesinato de su hija fuese incluido entre los casos emblemáticos de la campaña de Amnistía Internacional **"No más violencia contra las mujeres"**, presentados oficialmente en la ciudad de Guatemala en junio del 2005.

Ese mes fue especialmente intenso y duro para Rosa Franco: los días 7, 9, 11, 14, 21 y 22, su casa estuvo bajo continua vigilancia y sus hijos fueron seguidos. Un vehículo Mazda azul, sin placas y con vidrios polarizados, se mantuvo estacionado delante de su casa durante toda la mañana. En el interior del vehículo había hombres armados que tenían aspecto de guardaespaldas.

Luego de estos hechos de vigilancia, ha tenido incidentes esporádicos, que la hacen sentir intimidada. En algunos ha vuelto a ver a los mismos sujetos que la vigilaron en aquel mes. Las amenazas le provocaron mucho desconcierto, porque le hicieron sentir que sus otros hijos también corrían peligro. Mientras tanto, las denuncias internacionales no han logrado hacer avanzar el caso de su hija.

Actualmente cuenta con medidas de protección policial en la puerta de su casa y ella ha prestado colaboración al Ministerio Público haciendo una foto robot de la persona que la ha estado vigilando. Sin embargo, la investigación no avanzó y a partir de la reestructuración de la Agencia Fiscal, el caso quedó sin auxiliar fiscal a cargo.

***

IX
Situación general de Operadores de Justicia

La independencia judicial es un axioma para el Estado de Derecho y un catalizador en la defensa y vigencia de los derechos humanos. En este apartado se demuestra cómo el poder real en Guatemala socava este principio, teniendo una labor constante de ataques (agresiones, intimidaciones, atentados y, en algunos casos, asesinatos) contra jueces, fiscales y magistrados. Este recurso de viejo cuño se constituye en una labor de zapa que propicia condiciones de fragilidad y de excepcionalidad en la administración de justicia.

El presente capítulo reviste una lógica diferente a la que hasta ahora ha tenido este informe, en tanto que la información no proviene de la fuente directa sino de fuente secundaria. En buena parte, no es posible hablar de la situación de los defensores y defensoras de derechos humanos sin reconocer la dimensión del fenómeno expresado en amenazas, intimidaciones, atentados y ejecuciones realizadas contra operadores de justicia y testigos.

En este caso, la sistematización se realizará tomando en cuenta la información previa del 2000, ya que los operadores de justicia enfrentan un *continuum* en el que la firma de la paz y los esfuerzos por el impulso de los compromisos de los acuerdos, resultaron insuficientes para detener acciones corrosivas a la libertad que requieren los juzgadores para tomar decisiones.

Los delitos cometidos contra operadores de justicia revisten importancia particular para los defensores y defensoras de derechos humanos, porque los ataques contra operadores de justicia son indicativos de la fortaleza o debilidad de un Estado de Derecho que garantice condiciones para realizar su trabajo.

Este apartado consta de tres partes: En la primera se dan a conocer datos proporcionados por el estudio *"Hechos que afectan la independencia judicial y la administración de justicia en Guatemala: amenazas, intimidaciones y atentados contra jueces, fiscales y abogados"*, de agosto de 1999, elaborado por la Fundación Myrna Mack. La segunda parte, es una síntesis sobre el seguimiento a los mecanismos extra convencionales que Naciones Unidas tiene sobre el caso de los operadores de justicia en Guatemala, como parte de los mandatos por país de la Comisión de Derechos Humanos de la ONU. Y la tercera parte, presenta datos sobre hechos ilícitos cometidos contra operadores de justicia, tomados del informe del Procurador de Derechos Humanos del año 2005.

A. Monitoreo de amenazas, intimidaciones y atentados contra Jueces, Fiscales y Abogados. 1996-1999

La Fundación Myrna Mack publicó en agosto de 1999, un informe relacionado con amenazas, intimidaciones y atentados contra jueces, fiscales y abogados. La información presentada por ese esfuerzo de sistematizar el fenómeno y comprender sus alcances, se sustenta en el monitoreo de medios realizado por el Centro de recopilación, análisis y medición del impacto noticioso (CREAN).

La información de monitoreo fue realizada a tres tipos de medios de comunicación: radio, prensa y televisión. El monitoreo de medios consistió en llevar, desde el 01 de septiembre de 1996 al 30 de junio de 1999, un registro de menciones en los medios relacionadas con amenazas, intimidaciones y atentados contra operadores de justicia.

El período en el que se produce este monitoreo abarca desde el año de negociación y suscripción de los Acuerdos de Paz hasta los últimos meses del gobierno de Álvaro Arzú, quien firmó el Acuerdo de Paz Firme y Duradera. Los medios monitoreados fueron 7 periódicos, 4 medios radiales y 3 telenoticieros, todos con cobertura nacional. Los datos globales aportados por este monitoreo son los siguientes:

1. Ataques Contra Operadores

Para fines de este estudio, se toman los datos producidos por el monitoreo del CREAN, septiembre 1996 a junio 1999. Este monitoreo demuestra la situación de vulnerabilidad en la que se encuentran 158 casos registrados contra jueces, fiscales y magistrados, teniéndose que lamentar 11 asesinatos contra operadores de justicia y testigos. La gráfica siguiente presenta los resultados generales realizados por dicho monitoreo.

GRÁFICA 36
Ataques por período contra Operadores de Justicia*

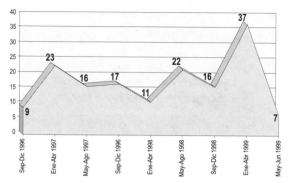

El 65% de ataques contra operadores de justicia se produjo entre 1997 y 1998, período que corresponde a los años posteriores a la firma de los Acuerdos de Paz, etapa en la cual se creó la Comisión para el Fortalecimiento de la Justicia, que tuvo la finalidad de elaborar recomendaciones relacionadas con el fortalecimiento del sistema. Los datos son expresión de la labor de corrosión de la institucionalidad judicial, por parte de los poderes tradicionales ajenos a la democratización del país. El pico de los ataques, el 28% del total, se produce en el primer período del último año del gobierno que firmó los Acuerdos de Paz, en plena época electoral.

2. Frecuencia de los Ataques

GRÁFICA 37
Frecencia de amenazas, intimidaciones y atentados*

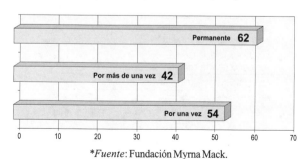

Fuente: Fundación Myrna Mack.

134

La frecuencia sistemática de delitos contra operadores de justicia se produce en el 39% de casos, siendo la mayoría sumado al 27% que se realiza por más de una vez.

3. Víctimas de los ataques

TABLA 8
Operadores de Justicia atacados*
Septiembre 1996 - Junio 1999

TIPO DE VÍCTIMA	FRECUENCIA	%
Fiscales	47	30
Magistrados	10	6
Jueces	30	19
Auxiliares de Justicia	8	5
Abogados	13	8
Otros	50	32
Total	**158**	**100**

La TABLA 8 contiene el registro de los sujetos pasivos de los delitos y se presenta la información desglosada por el tipo de función que se ocupa dentro del aparato de justicia del país.

4. Causas de los ataques

TABLA 9
Causas de ataques contra Operadores de Justicia*
Septiembre 1996 - Junio 1999

CAUSA	FRECUENCIA	%
Por casos relacionados con policías, militares, ex patrulleros y elementos de seguridad	53	34
Por casos relacionados con delincuencia común	59	37
En cumplimiento de sus funciones	16	10
No se puede precisar	30	19
Total	**158**	**100**

Fuente: Centro de Recopilación, análisis y medición del impacto noticioso, entrevista y encuesta Fundación Myrna Mack, junio 1999.

La TABLA 9 establece las causas de las amenazas y atentados contra los operadores de justicia que fueron recogidas por el monitoreo de medios. Las causas fueron determinadas por involucramiento en acciones vinculadas con funcionarios públicos del sector de seguridad. Se atribuye delincuencia común, por cumplir con atribuciones propias del cargo.

5. Tipo de ataques

El tercer elemento considerado por el monitoreo de medios es el enfocado en determinar la modalidad de ataque utilizado por los perpetradores de delitos contra los operadores de justicia.

TABLA 10
Tipo de ataque utilizado contra Operadores de Justicia
Septiembre 1996 - Junio 1999

ATAQUE	FRECUENCIA	%
Amenaza	103	65.0
Atentado contra la vida	19	12.0
Asesinato	11	7.0
Hostigamiento, seguimiento o presiones	17	11.0
Allanamiento y/o robo de expediente o de pruebas	42	5.0
Falta de apoyo institucional	4	2.5
Total	**158**	**100**

Fuente: Fundación Myrna Mack.

6. Análisis de los resultados

Considerando los datos plasmados en la Tabla 12, el Fiscal resulta ser el sujeto pasivo con mayor número de ataques sufridos, llegando a ocupar un 30% de estas agresiones. La dificultad para desarrollar la acción penal y el entorpecimiento a la investigación, queda evidenciada con este dato. Magistrados y jueces contabilizan una cuarta parte de los ataques, y los auxiliares de justicia acumulan un 5%. Los 158 casos reportados por el monitoreo entre septiembre de 1996 y junio de 1999, dan cuenta de la frecuencia con que se producen los actos de agresión contra operadores de justicia, en un período caracterizado como período postconflicto. Dicha frecuencia demuestra que el discurso político de erradicación de las causas que origina-

ron el conflicto, entre ellas una reforma judicial que propicie el establecimiento de un Estado de Derecho garante de la justicia y ajeno a la impunidad de las graves violaciones a los derechos humanos, careció de
correspondencia con la realidad aquí expresada.

En la Tabla 13, relacionada con las causas de los ataques a los operadores,
observamos que un 34% de los casos se vincula con miembros de la policía, el ejército, ex patrulleros o elementos de seguridad nacional mientras
que un 37% está relacionado con casos que se siguen por delincuencia. En
este grupo de ataques puede ubicarse al crimen organizado, quien tiene la
capacidad de hacer efectiva una labor sistemática de ataques contra los
operadores. Los miembros de estas bandas se especializan en secuestros,
asaltos a bancos, narcotráfico, defraudación aduanera, blanqueo de dinero
o contrabando, para mencionar las más conocidas. Estas bandas están inte-
gradas por ex miembros de los aparatos de seguridad del estado.

En el primer trimestre del año 1999, la Misión Internacional de Naciones
Unidas (MINUGUA), rindió un informe el cual –de manera explícita– da a
conocer la simbiosis que existe entre delincuencia y grupos de seguridad
ilegales. Dicho informe, *"...constató que prosigue la existencia de grupos
de seguridad ilegales y aparatos clandestinos en diversas zonas del país,
cuya actuación, con frecuencia, es difícil de distinguir de la del crimen
organizado." "Comparten la característica de actuar con la tolerancia o
participación directa o indirecta de agentes del estado y dispone de una
amplia capacidad operativa."* La verificación de MINUGUA logró identificar la existencia de grupos delincuenciales organizados y la estrecha cooperación de aparatos de seguridad clandestinos. Ese carácter de actuar al
margen de la ley, le impidió a la Misión ir a fondo en la labor de verificación
de estos cuerpos o aparatos, relacionados con la delincuencia. Es importante reconocer la existencia, capacidad organizativa de estas agrupaciones y
los vínculos que generan entre sí, para valorar la situación de precariedad en
la que se encuentra la seguridad personal de los operadores de justicia cuando están relacionados con casos de esta naturaleza.

La Tabla 14 contiene el tipo de ataque utilizado por los victimarios contra
los operadores de justicia. La amenaza es la manera más empleada, con
103 casos, que representa el 65% de ataques; los atentados, hostigamientos,
presiones y seguimiento acumulan el 23%, y es de lamentar que en ese

período hayan sido asesinados 11 operadores de justicia: 4 jueces, 3 fiscales, 3 testigos y 1 abogado.[70]

B. Operadores de Justicia y la Comisión de Derechos Humanos de la ONU

En este apartado se presenta información relacionada con la situación de los operadores de justicia, con datos recogidos en los informes de los relatores y representantes especiales de las Naciones Unidas en Guatemala, informes específicos presentados por organizaciones pro justicia, que tiene como fuente información generada en el Ministerio Público.

Este conjunto de referencias cubre el período comprendido del año 2000 al 2004. Para los fines de una presentación uniforme sobre la situación de los operadores de justicia entre 1996 y 2005, se hubiera requerido de información sistematizada que fuera sujeta de comparación por período. Sin embargo, se carece de evidencias sobre la continuidad del monitoreo de medios sobre noticias relacionadas con la seguridad de magistrados, jueces y fiscales para el período señalado, a excepción de la información presentada por la Fundación Myrna Mack como un informe para el relator especial de Naciones Unidas, que cubre un período de cinco meses –mayo-septiembre 2001–. Por eso, el vacío de información comprendido entre el período 2000 al 2004 se llena con la información aportada por Relatores y Representantes Especiales de las Naciones Unidas, que basaron los informes presentados en datos recogidos en misiones cumplidas en Guatemala.

1. Primera Visita de Param Coomaraswamy

El Relator Especial sobre la independencia de los magistrados y abogados, Sr. Param Coomaraswamy, se hace presente en el país como resultado de la resolución 1999/31 de la Comisión de Derechos Humanos de Naciones Unidas, en el 56° período de sesiones. La visita de este Relator se produjo en una misión de encuesta, cumplida del 16 al 29 de agosto de 1999.

---

[70] Tomado de Anexo I, Listado de Amenazas e Intimidaciones e Contra de Magistrados, Jueces y Auxiliares Fiscales. Estudio sobre Hechos que Afectan la Independencia Judicial. Fundación Myrna Mack. 1999.

La gestión de este Relator Especial tiene antecedentes en dos resoluciones más: 1994/41 y 1997/23, que prorrogan el mandato del relator por tres años más. El texto dispone que el Relator Especial investigue cualquier denuncia importante que se le haya transmitido e informe acerca de sus conclusiones y recomendaciones. El relator recibió denuncias en el período de su mandato sobre intimidación y hostigamiento contra abogados, jueces y fiscales.

El señor Coomaraswamy rindió un informe global de la misión de encuesta cumplida, de la cual se toma la información relacionada con amenazas, hostigamiento e intimidaciones, de 5 casos de jueces y fiscales que son objeto de amenaza, comprobando que –en casos excepcionales– se brindó protección. El informe del Relator expone la situación vulnerable de jueces, magistrados y, en particular los jueces con jurisdicción en el interior de la república, manifestando la grave amenaza a la independencia judicial que representa este estado de inseguridad percibido en agosto de 1999.

2. Segunda Visita de Param Coomaraswamy

El señor Coomaraswamy tiene una misión de seguimiento en Guatemala, del 10 al 12 de mayo de 2001. El objetivo de la segunda visita es evaluar el cumplimiento de las recomendaciones presentadas en el informe de la primera visita.

En la misión de mayo 2001, el Relator Especial celebró reuniones con un amplio espectro de personas vinculadas con la administración de justicia, como funcionarios de gobierno, miembros de la Corte de Constitucionalidad, la Corte Suprema de Justicia (CSJ) y del Consejo de la Carrera Judicial. También se reunió con miembros de la Asociación de Jueces, el Colegio de Abogados y la Comisión Nacional de Seguimiento y Apoyo al Fortalecimiento de la Justicia.

El informe presentado por el señor Coomaraswamy sobre su segunda visita, señala que recibió denuncias de los propios magistrados de la Corte Suprema de Justicia sobre hostigamiento, intimidación, amenazas y ataques contra operadores de justicia. El relator reporta 33 casos de amenazas contra jueces durante el año 2000, siendo el 66% de los amenazados jueces de paz. Al momento de la visita se habían producido 24 amenazas en el año

2001. Los sujetos activos de estas amenazas procedían de las personas procesadas. El relator constata que la Corte Suprema creó un comité integrado por jueces y magistrados para estudiar la cuestión, formular recomendaciones y sugerir medidas concretas. Y tuvo conocimiento del mecanismo empleado en el Organismo Judicial para atender a jueces o magistrados amenazados.

El informe de seguimiento da a conocer información vertida en octubre del año 2001 por el entonces recién nombrado Presidente de la CSJ, Carlos Álvarez-Lobos Villatoro, donde expresa que los tribunales tenían constancia de 60 jueces amenazados. En la reunión sostenida entre el relator de Naciones Unidas y la Asociación de Jueces, se le comunicó que los jueces constituían el 40% de todos los funcionarios de la administración de justicia amenazados. Se facilitó al Relator Especial una lista de diez casos recientes en los que los jueces habían sido víctimas de violencia o de amenazas.

Se señaló al Relator Especial la precaria situación de muchos jueces de paz, que estaban destinados en zonas alejadas con escasos medios de comunicación, y poca o ninguna protección, como ilustra el linchamiento del juez de paz de Senahú, Alta Verapaz. Estos jueces frecuentemente trabajan 365 días al año, sin vacaciones ya que no hay quien los reemplace. Muchas veces no pueden llevar a sus familias al lugar en que trabajan, aunque ellos tienen que vivir en el municipio en el que están destinados. Las condiciones de aislamiento y marginación, incluso dentro del poder judicial, hace que los jueces de paz vivan constantemente sujetos a amenazas e intimidaciones.

3. Monitoreo entre los años 2001-2004

La Fundación Myrna Mack presenta un informe dirigido a Param Coomaraswamy, basado en un monitoreo realizado en los distintos medios de comunicación del país. Este estudio comprende los meses de mayo a septiembre del año 2001 y consigna 33 operadores de justicia víctimas de amenazas, intimidaciones y atentados; 7 jueces atacados, 3 fiscales, 8 abogados y 15 testigos o peritos. Del total de sucesos, 4 operadores fueron asesinados y 21 fueron objeto de hostigamiento constante durante el período do reportado.

Esa misma fundación elaboró un informe sobre el funcionamiento de la Fiscalía Especial de Delitos contra Operadores de Justicia, creada como resultado de las recomendaciones emanadas por el Relator Especial. En este nuevo estudio se dan a conocer en el presente lustro (2001-2005) 469[71] hechos de amenazas, intimidaciones, atentados y hostigamientos que tienen en los operadores de justicia a los sujetos pasivos. El dato evidencia la tendencia ascendente del fenómeno, con el claro propósito de obstruir a la justicia y hacer prevalecer la impunidad. Los datos recopilados por este informe dan cuenta de esta aseveración. A la fecha, se produce un promedio anual 94 casos registrados.

C. Situación actual de los Operadores de Justicia

Este apartado contiene los datos reportados en el informe del Procurador de los Derechos Humanos (PDH) del año 2005.

1. Presentación general

La información presentada por el PDH comprende de enero a mayo del año 2005 y toma como base datos propios y los generados por el Organismo Judicial. En ese tiempo se registraron 56 agresiones dirigidas contra operadores del sistema de justicia. De ellas, 52 se produjeron contra funcionarios del Organismo Judicial, 3 contra la fiscalía y 1 contra un funcionario de la Defensa Pública Penal.

A diferencia del monitoreo presentado en el apartado anterior, que registra los casos de fiscales con mayor número de ataques, ahora son los jueces quienes tienen más de tres cuartas partes de las agresiones. Al desglosar la información de los ataque contra el Organismo Judicial, se observa que los Jueces de Paz tienen una significativa carga de estos ataques, con un 44% de casos; los Jueces de Primera Instancia Penal concentran el 18%.

La siguiente Tabla da el detalle de la función que desempeñan los operadores de justicia agredidos. Ajeno a la cuantificación de ataques, el Ministe-

---

[71] Datos proporcionados por denuncias registradas en la Fiscalía Especial de Delitos contra Operadores de Justicia.

141

rio Público ha sido gravemente afectado. Por ejemplo, debe dimensionarse el asesinato del Fiscal de casos especiales, Erick Moisés Gálvez Miss, ocurrido en Chiquimula, por hombres armados que le dispararon. Gálvez Miss *"igual que el resto de fiscales de su unidad, tenía casos complicados o delicados de narcotráfico, asesinatos y otros"*. Se ha señalado que los operadores de justicia que colaboran con esta Fiscalía, también son constantemente amenazados.

TABLA 11
Operadores de Justicia Atacados
Enero - Mayo 2005

TIPO DE VÍCTIMA	FRECUENCIA	%
Fiscales	3	5.36
Magistrados	2	3.57
Jueces	45	80.35
Auxiliares de Justicia	5	8.92
Abogados		
Otros	1	1.79
Total	56	100

Fuente: Procuraduría de Derechos Humanos.

2. Departamentos donde se producen los ataques

El mayor número de ataques se produce en la región metropolitana, que representa el 21% del total. Suchitepéquez y Quetzaltenango tienen, cada uno, un 11% de caos; San Marcos y Zacapa cuentan con un 7% y 5% de casos, respectivamente. En los departamentos donde los fiscales sufrieron ataques fueron Huehuetenango y Chiquimula. En Quetzaltenango se produjo la agresión contra el Coordinador de la Defensa Pública Penal.

Los operadores de justicia del interior del país, tienen obstáculos significativos por los ataques sufridos en su contra, considerando la frágil protección con la que cuentan, lo cual los hace ser vulnerables a los poderes reales que enfrentan. Los datos son reveladores de la inseguridad de los operadores de justicia en todo el país, condición que ha determinado elevar el nivel de exigibilidad de jueces y fiscales en mayor protección. Esa presión tuvo efecto en las autoridades de la Corte Suprema de Justicia y el Ministerio Público

142

al solicitar apoyo financiero al Organismo Ejecutivo para la creación del Servicio de Seguridad del Organismo Judicial, produciéndose un primer desembolso por Q19 millones, de los Q30 millones solicitados.

GRÁFICA 38
Ataques por ubicación geográfica
contra Operadores de Justicia
Primer Semestre 2005

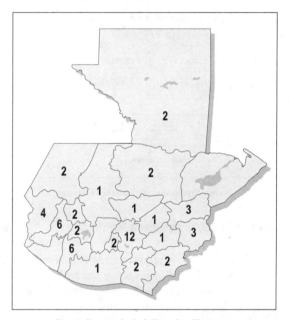

Fuente: Procuraduría de Derechos Humanos.

Las condiciones de vulnerabilidad y ausencia de protección de los operadores de justicia en el interior de la república, es capitalizada por el narcotráfico y el crimen organizado para procurar condiciones de impunidad, en particular los que conocen delitos de alto impacto. Incluso los mismos operadores de justicia están siendo atacados dentro de las instalaciones donde laboran, como lo ha denunciado el Tribunal de Sentencia de Chiquimula, en cuyas instalaciones se habrían dado intentos de envenenamiento.

3. Tipo de Ataque

Es importante hacer notar que los ataques registrados en los primeros cinco meses del año 2005 contra operadores de justicia, se dan en un semestre donde el total de ataques dirigidos contra el grueso de defensores de derechos humanos, adquiere el mayor nivel de agresión sistematizado por ahora. La amenaza sigue siendo la forma a la cual se recurre en mayor número para afectar la independencia judicial, un 58% de casos.

Los asesinatos de operadores de justicia son los hechos más graves que pueden señalarse y peor aún cuando es una práctica que va en aumento. En los meses contabilizados del año se han cometido los siguientes crímenes:

• El 4 de marzo fue asesinado Carlos Marroquín,
  fiscal auxiliar de la Fiscalía Contra la Corrupción.

• El 21 de marzo fue asesinado José Antonio Cruz Hernández,
  Juez de Paz de San Pedro Ayampuc, Departamento de Guatemala.

• El 5 de abril fue asesinado Fritzman Grajeda Robles,
  defensor público de Coatepeque, Quetzaltenango.

• El 25 de abril fue asesinado José Bautista, Juez de Alto Impacto
  de Chiquimula, en San Pedro Sacatepéquez, San Marcos.

• El 27 de abril se produjo un atentado contra el fiscal
  de Malacatán, San Marcos, José Antonio Meléndez Sandoval,
  quien resultó gravemente herido en el rostro.

• El lunes 16 de mayo fue asesinado el fiscal del Ministerio
  Público en Chiquimula, Erick Moisés Gálvez Miss.

• El 20 de junio fue muerto Julio César Barrios Mazariegos,
  oficial segundo del Juzgado de Paz de Villa Nueva,
  Departamento de Guatemala.

Además, fueron asesinados dos abogados litigantes, sufrieron tentativa de asesinato un juez y un agente fiscal del Ministerio Público; en tanto un auxiliar fiscal y un abogado litigante sufrieron tentativa de homicidio.

144

TABLA 12
Tipo de ataque utilizado contra Operadores de Justicia
Enero - Mayo 2005

ATAQUE	FRECUENCIA	%
Amenaza	33	58.92
Atentado contra la vida	2	3.57
Asesinato	7	12.51
Hostigamiento, seguimiento o presiones	13	23.21
Allanamiento y/o robo de expediente o de pruebas	1	1.79
Falta de apoyo institucional		
Total	56	100.00

Fuente: Procuraduría de Derechos Humanos.

La Vicepresidenta de la Comisión Interamericana de Derechos Humanos (CIDH), Susana Villarán, visitó Guatemala en julio de ese año, manifestando preocupación por la dificultad para el desarrollo del trabajo de los operadores de justicia, lo cual produce una sensación de desconfianza en la labor de éstos por parte de la población. En opinión de la representante de la CIDH, esa situación afecta la institucionalidad democrática, por lo que resaltó la importancia de reforzar el apoyo institucional y la formación en derechos humanos, mediante la adopción de una política coordinada de seguridad entre los diferentes actores involucrados en la administración de justicia del país.

4. Independencia de Jueces y Magistrados en la 62ª Período de Sesiones

El actual Relator Especial sobre la independencia de magistrados y abogados, señor Leandro Despouy, preparó un informe que presentó en el 62° período de sesiones de la Comisión de Derechos Humanos. En dicho informe se consignan 31 ataques contra operadores de justicia, entre ellos 8 asesinatos. El señor Despouy mantiene comunicación con el gobierno de Guatemala sobre estos casos, patentizando su preocupación sobre el número elevado de asesinatos de operadores de justicia y señala que el gobierno no ha respondido a una carta de alegación presentada a finales del año 2005, donde se pide información sobre esos hechos. El Relator Especial manifiesta, como resultado de la información recibida, la ausencia de progreso substancial en la investigación de ataques contra los operadores de justicia.

X
La impunidad en los casos de
Defensores y Defensoras de Derechos Humanos

La situación antes descrita ha ocasionado diversas respuestas en el ámbito nacional e internacional por parte de las instituciones y organismos encargados de la tutela de los derechos de los defensores de los derechos humanos. A continuación un breve repaso sobre dichas respuestas:

1. Desde el estado de Guatemala

El estado de Guatemala tuvo durante los primeros dos años del fenómeno una respuesta vaga e inconsistente. Esto varió cuando en abril del 2002 se aceptó que una parte de los ataques respondían al patrón observado por los grupos clandestinos durante el conflicto armado interno. De esa fecha para acá, las diversas instituciones del estado encargadas de proteger a los defensores y de investigar y perseguir a los responsables de los ataques, han realizado las siguientes acciones:

- Ministerio Público: En el 2001 creó la Fiscalía Especial de Operadores de Justicia. En el 2002 creó una nueva Fiscalía Especial para activistas y organizaciones que defienden y promueven derechos humanos y organizaciones indígenas, con un fiscal y dos auxiliares. Esta fiscalía especial fue fortalecida en el 2003, llegando a tener 60 personas entre auxiliares fiscales, investigadores y especialistas. En ese mismo año se crearon fiscalías especiales para campesinos, sindicalistas y periodistas. En el 2005 las fiscalías especiales se convirtieron en agencias fiscales dentro de la Unidad de delitos cometidos contra activistas de derechos humanos, operadores de justicia, periodistas y sindicalistas adscrita a la Fiscalía de Sección de Derechos Humanos. Según el diseño, esta Unidad debería atender cualquier delito cometido en cualquier parte del territorio nacional, pero de hecho atiende delitos cometidos en la capital en contra de defensores.

- Policía Nacional Civil: Está encargada de proveer seguridad personal de puesto fijo en frente de casa u oficina o seguridad perimetral en los casos de defensores en donde el fiscal del caso o la Comisión Presidencial de Derechos Humanos lo solicite, esta última debido al otor-

146

gamiento de medidas cautelares de protección. Provee el servicio a través de la unidad DIPROSE (División de Protección de Seguridad) que es bastante irregular y que en algunos casos –como el de CALDH– no se presenta a atender a las víctimas.

- Comisión de Seguridad de Jueces y Magistrados: creada en el 2002 y adscrita a la Corte Suprema de Justicia, funciona con un presupuesto propio para contratar servicios de seguridad, así como equipo para la protección de jueces y magistrados que lo requieran.

- Procuraduría de Derechos Humanos: aunque es objeto de ataques tiene el mandato de dar protección. Desde el 2004 ha empezado a emitir medidas cautelares a favor de defensores de derechos humanos como mecanismo de protección. Asimismo, en diciembre del 2005, emitió un informe intitulado "Los Defensores de Derechos Humanos en Guatemala", en donde evalúa la situación durante el primer semestre de ese año. Dicho informe recurre primariamente a los datos emitidos por la Unidad de Protección del MNDH, la Comisión de Seguridad y el Ministerio Público. Para el año 2006, la PDH ha ofrecido emitir un informe con datos internos que permita contrastar los datos emitidos por otras fuentes.

- Comisión Presidencial Coordinadora de la Política del Ejecutivo en Materia de Derechos Humanos (COPREDEH): creó en el 2004 una Unidad de Defensores de Derechos Humanos, que ha propuesto una Política de atención a defensores de derechos humanos, así como un conjunto de mecanismos de protección que no se han implementado.

2. Desde los Organismos Internacionales

Existen tres mecanismos internacionales que han seguido de forma atenta y especializada la situación en Guatemala: la Representante Especial del Secretario General de las Naciones Unidas para los Defensores de Derechos Humanos, el Relator Especial sobre Independencia de Jueces y Abogados de la Comisión de Derechos Humanos y la Comisión Interamericana de Derechos Humanos.

La Representante Especial sobre Defensores de Derechos Humanos realizó una visita *in loco* en mayo del 2002, y emitió tres recomendaciones específicas para Guatemala que mantienen plena vigencia:

- El impulso de políticas públicas que reconozcan la legitimidad de la labor de los defensores de derechos humanos y los dirigentes sociales.
- El establecimiento de medidas de seguridad eficaces con los recursos necesarios y con la participación de los defensores.
- La investigación, procesamiento y sanción de los responsables. Luego, entre sus informes, recomendó la creación de la CICIACS.

En su informe del 13 de diciembre del 2004, la Representante Especial señaló que envió 16 informes a Guatemala relacionados con 31 defensores de derechos humanos atacados y sólo recibió una respuesta por parte del gobierno de Guatemala. En este informe, en su análisis general, señaló la ausencia de información que sobre agresores se tiene a nivel mundial como consecuencia de la ausencia de investigación por parte de las autoridades.[72]

En su quinto informe anual del 7 de septiembre del 2005, la Sra. Hina Jilani, Representante Especial, realizó un estudio sobre el rol de los defensores de derechos humanos en la construcción de la paz y utilizó a Guatemala como un caso de estudio. En él se reconoce la labor de los defensores y la situación de intimidación en que viven los mismos.[73]

En su informe del 23 de marzo del 2006, la Representante Especial informa de 16 comunicaciones enviadas al gobierno de Guatemala, en algunos casos en conjunción con otros relatores especiales, y de las respuestas recibidas por parte del gobierno. En dicho informe agradece las contestaciones y reconoce los esfuerzos, pero mantiene la preocupación por la ausencia de resultado de las investigaciones y la impunidad de las amenazas, intimidaciones y allanamientos en contra de defensores de derechos humanos.[74]

El Relator Especial para la independencia de jueces y abogados visitó Guatemala en 1999 y en 2001, para darle seguimiento a sus recomendaciones dada la gravedad de la situación. Durante sus visitas emitió un conjunto bastante amplio de recomendaciones, orientados hacia la depuración del

---

[72] Ver E/CN.4/2005/101

[73] Ver A/60/339.

[74] Ver E/CN.4/2006/95/Add.1

sistema, la carrera judicial y fiscal, así como hacia el impulso de las recomendaciones de la Comisión de Fortalecimiento del Sistema de Justicia.

Respecto a la atención más inmediata de la situación de abogados, fiscales, jueces y magistrados, ha emitido sendas comunicaciones al gobierno de Guatemala, en algunos casos conjuntamente con otros relatores. En este caso, el gobierno también ha respondido. Sin embargo, en su último informe, el Relator Especial señala que ve con preocupación el alto número, 20, de casos de asesinatos sobre los cuáles ha tenido comunicaciones y la frecuencia con las que las mismas se están dando.[75]

La Comisión Interamericana de Derechos Humanos también responde ante la situación de defensores de derechos humanos. En algunos casos, en los que la Comisión considera en riesgo la vida, solicita la emisión de medidas cautelares que consisten en medidas de protección y de investigación de los hechos. En relación a las medidas de protección, el nivel de cumplimiento es bastante irregular por parte del estado, los primeros días cumplen y luego se vuelven irregulares; las medidas de investigación no han sido cumplidas en ningún caso en donde medidas cautelares han sido emitidas.

En el 2001, la Comisión Interamericana de Derechos Humanos realizó una visita *in loco* y emitió el Quinto Informe sobre la Situación de los Derechos Humanos en Guatemala. En este informe, la Comisión analizó la situación de los defensores y defensoras de derechos humanos dentro del capítulo sobre la integridad personal, y emitió recomendaciones en torno a:[76]

• Adopción de medidas adicionales para el reconocimiento y valoración de la labor de los defensores de derechos humanos y los dirigentes sociales, orientada hacia los integrantes de las fuerzas de seguridad.

• Garantizar el acceso a las medidas de protección adecuada.

• Investigar y procesar a los responsables.

• Establecer unidades especializadas en la Policía y el Ministerio Público para la atención del fenómeno.

---

[75] Ver E/CN.4/2006/52/Add.1

[76] Ver CIDH. Quinto informe de Situación de Derechos Humanos en Guatemala.

A partir de estas recomendaciones, fue constituida la Unidad Especial creada en 2002. La Relatora Especial para Guatemala, así como la Unidad de Defensores de Derechos Humanos, establecida en el 2002, ha visitado el país anualmente para monitorear la situación y evaluar la implementación de medidas cautelares; sin embargo los avances son mínimos.

Como se establecía en el apartado general, la impunidad en torno a las agresiones contra defensores y defensoras de derechos humanos es casi total. Sólo el 2.18% de los casos fueron resueltos. Las recomendaciones realizadas por los organismos internacionales, en su mayor parte han sido incumplidas y, por otra parte, los pocos esfuerzos realizados por las instituciones nacionales han resultado bastantes infructuosos.

Claramente, entre todas las medidas y recomendaciones, la creación de la Unidad de delitos cometidos contra activistas de derechos humanos, operadores de justicia, periodistas y sindicalistas, es la que tiene en sus manos la mayor responsabilidad de cara a la lucha contra la impunidad que rodea el fenómeno que ha ocupado las anteriores páginas.

Esta Unidad Fiscal ha definido que atenderá aquellos casos de *"activistas de derechos humanos, operadores de justicia, periodistas y sindicalistas que, debido a la actividad que realizan, sean objeto de un hecho que busque impedir o anular la labor que realizan."*[77] En este sentido, la unidad fiscal busca atender delitos que atenten contra la función del defensor.

Esta definición es un avance en los últimos años, ya que en el pasado la fiscalía especial no tenía claro el criterio de entrada de los casos, por lo que se permitía el ingreso de casos diversos, incluidos los casos de discriminación.

Debido a la ausencia de un registro nacional de activistas de derechos humanos o de periodistas, la acreditación de esa calidad queda en la palabra del denunciante. En cambio, en el caso del operador de justicia y del sindicalista, la fiscalía realiza consultas a la Corte Suprema de Justicia, al

---

[77] Definición dada por la Licenciada Alba Elizabeth Gudiel, encargada de la Unidad Fiscal, con en entrevista otorgada en marzo del 2006.

150

Ministerio Público, a la Defensa Público o al Ministerio de Trabajo antes de darle trámite al expediente.

Debido a la escasez de recursos, la Unidad no conoce los casos en todo el territorio nacional, sino sólo aquellos que ocurren en el Departamento de Guatemala que, como vimos, es donde se concentra el 53% de los hechos, y los extremadamente graves de los otros departamentos. Sin embargo en la práctica, cuando el defensor o defensora atacada no realiza directamente la denuncia a la Unidad, sino lo hace a través de la Policía o de la Oficina de Atención Permanente –como es el procedimiento normal–, muchas veces la denuncia no llega a esta Unidad.

A continuación se encuentra el organigrama de la Unidad y, como puede observarse, tiene mayor personal asignado a la agencia fiscal de atención a periodistas y sindicalistas, a pesar de que éstos no son el sector más atacado. Esto puede deberse a que actualmente dicha agencia fiscal ha concentrado sus esfuerzos a la persecución de "radios piratas" –entre ellas las denominadas radios comunitarias–, lo que pone en tela de duda la función de una fiscalía de esta naturaleza.

GRÁFICA 39

**Unidad de Delitos cometidos
contra Activistas de Derechos Humanos,
Operadores de Justicia, Periodistas y Sindicalistas**

Agente Fiscal encargada de la Unidad

Agencia No. 1 Activistas de Derechos Humanos	Agencia No. 2 Operadores de Justicia	Agencia No.3 Periodistas y Sindicalistas
Auxiliar Fiscal I	Auxiliar Fiscal I	Auxiliar Fiscal I
Auxiliar Fiscal I	Auxiliar Fiscal I	Auxiliar Fiscal I
Auxiliar Fiscal I	Auxiliar Fiscal I	Auxiliar Fiscal I
Auxiliar Fiscal I	Auxiliar Fiscal I	Auxiliar Fiscal I
Oficial de Fiscalía III	Oficial de Fiscalía III	Auxiliar Fiscal I
		Oficial de Fiscalía III

Esta reorganización que ha estado funcionando desde finales del 2005, no tendrá ningún resultado de no superarse las problemáticas que ha venido arrastrando la investigación penal en materia de ataques a defensores. En su informe de septiembre del 2005, la Fundación Myrna Mack establece un listado sobre las debilidades que tiene la Unidad:[78]

1. Ausencia de una política de persecución penal del Ministerio Público en su conjunto.

2. Poca claridad sobre la competencia: aún no está claro qué tipo de delitos investigará la unidad fiscal. La Fundación Myrna Mack argumenta que no deben realizarse mayores esfuerzos para la investigación de delitos de poca monta como las amenazas.

3. Cobertura geográfica: debe esclarecerse en dónde investigará y cómo abordará los conflictos de territorialidad.

4. En la investigación:
   a. Existe una ausencia de hipótesis de investigación en los casos.
   b. La investigación está especializada.
   c. Los recursos humanos no están capacitados.
   d. Hay poco acceso a la realización de expertajes científicos.

5. En la acusación hay mala calidad en la redacción de las mismas y en la conducción.

Además de estas deficiencias, todos los defensores entrevistados para la realización de este informe, se quejaron de haber proporcionado información al Ministerio Público cuya salida desconocen. En este sentido, la tendencia fue encontrar que en la mayor parte de casos la información es pedida de oficio, pero no es utilizada. Por ejemplo, las huellas dactilares en los casos de allanamiento son cruzadas con las huellas de los trabajadores, pero luego las huellas no identificadas no pueden ser cruzadas con el universo de huellas de los guatemaltecos y guatemaltecas, ya que el servicio no funciona en el país. En este sentido, el esfuerzo de investigación científica tiene pocos resultados efectivos para la identificación de los responsables si no se realizan otras diligencias de investigación que no sean de gabinete.

---

[78] Ver Fundación Myrna Mack. "Respuesta estatal frente a los ataques contra defensores de derechos humanos en Guatemala."

152

A continuación se describen tres situaciones que, por sus características, se consideran emblemáticos de lo que ocurre con las actuaciones fiscales en los casos de defensores de derechos humanos.

A. Caso. **Guillermo Ovalle de León, asesinado el 29 de abril de 2002**

El 29 de abril del 2002, en horas de la mañana, un operativo de vigilancia que involucró un carro y una motocicleta fue puesto en la esquina que controlaba la entrada de las sedes de la Fundación Rigoberta Menchú Tum, CALDH y otras organizaciones de derechos humanos. El operativo fue observado por varios. Al medio día, el Sr. Guillermo Ovalle de León, padre de dos niñas menores de cinco años y contador de la Fundación, se dirigió a una cafetería a almorzar. La cafetería era frecuentada por los trabajadores de varias organizaciones cuyas sedes están cercanas al lugar.

Simultáneamente al ingreso del Sr. Ovalle a la cafetería, la sede de la Fundación Rigoberta Menchú Tum recibió llamadas telefónicas que al ser contestadas difundían música fúnebre. Pocos minutos después, tres hombres armados entraron a la cafetería y obligaron a los dueños y los comensales a reunirse en una de las estancias, al Sr. Ovalle lo separaron del grupo. En un incidente confuso, en donde se presume que el dueño de la cafetería disparó a los agresores, hubo una balacera, resultando muerto el Sr. Ovalle de un disparo en la espalda.

Los "supuestos" asaltantes heridos salieron corriendo hacia donde los esperaba un taxi. Coincidentemente, había periodistas apostados en la calle a una cuadra del hecho tomándole foto a los perpetradores. Medio minuto después, una motocicleta de policías identificados del SIC buscaban a los "asaltantes", aún no se había llamado ni siquiera a los bomberos.

El hecho de que hubiera fotos de los victimarios hizo que un anónimo informara al Ministerio Público del lugar donde estaban internados dos de los perpetradores, quienes resultaron ser un narcotraficante de un barrio del norte de la ciudad, y un "coyote" que trafica con personas hacia Estados Unidos.

Inmediatamente, las investigaciones empezaron a entorpecerse para impedir la hipótesis del móvil político y cambiarlo por la hipótesis de un asalto por dinero (unos Q300.00), que se complicó. Poco tiempo después, el Ministerio Público atrapó al taxista que ayudó a la fuga de los implicados, quien arrojó información sobre un contacto al que los victimarios habían ido a informar del hecho. El taxista fue arrestado como cómplice y asesinado en el marco del motín del preventivo de la zona 18 ocurrido en el 2003, cuando también asesinaron a Obdulio Villanueva –acusado por el asesinato del Obispo Juan Gerardi–.

Para el Director de la Fundación Rigoberta Menchú Tum, Eduardo de León, el papel del estado en el esclarecimiento del asesinato de Guillermo Ovalle fue absolutamente desconcertante. Las investigaciones fueron deficientes y la actuación del MP, cuando menos, negligente, al afirmar de entrada que en el caso se encontraban ante un hecho más de violencia común alejada de cualquier tinte político.

Por esas razones, la Fundación Rigoberta Menchú llevó a cabo sus propias investigaciones y entregó los resultados al Ministerio Público. Lamentablemente, el Ministerio Público no las utilizó y la Fundación se quedó de manos atadas, porque el juzgado no le permitió aquerellarse en el caso, al considerar que no había sido una violación de derechos humanos.

Otro factor que dificultó demostrar los hechos fue la ausencia de protección de testigos. Para el director de la Fundación, la Unidad de Protección a Testigos del MP dejó a los testigos absolutamente desprotegidos, sin llegar a brindárseles lo que se les ofreció para que pudieran dar su testimonio. En lugar de favorecer la seguridad de los testigos, el Fiscal General negó el carácter político del ataque ante el cuerpo diplomático en Guatemala y, por ello, la protección internacional les fue negada a pesar de las continuas intervenciones de la organización.

De esa cuenta, a pesar de la serie de elementos en el hecho que apuntan hacia el involucramiento de más personas en el delito, el Ministerio Público en sus actuaciones tampoco planteó cuestiones acerca de la autoría intelectual de los hechos, limitándose la investigación a lo relacionado con la autoría material. Por el asesinato de Guillermo Ovalle se procesó a Billy René Barrios, que fue condenado a 29 años de cárcel, y a Eber Leonel López Gómez, condenado a 14 años de cárcel.

Es interesante señalar que el actual director de Sistema Carcelario,[79] acaba de sindicar al Sr. Billy René Barrios de organizar secuestros desde la cárcel. Un hecho que viene a confirmar la sospecha de que el asesinato de Guillermo Ovalle no fue producto de un asalto casual a una cafetería, sino de un acto planeado para que pareciera un crimen común, tal como operan los aparatos clandestinos de seguridad.

Eduardo de León opina que estos hechos han supuesto un ataque directo contra la labor que realiza la organización, y afirma que el trabajo se ha visto afectado de dos maneras: por un lado, debido a la necesidad de inversión de tiempo y personal en cuestiones relativas a la seguridad y protección y, por otro, ante la percepción de vivir en un clima de inseguridad que afecta de manera personal a todos los trabajadores, ya que se sienten desamparados y desprotegidos por parte un estado que, en lugar de ofrecer seguridad, entorpece el esclarecimiento de la verdad para que se pueda hacer justicia.

B. *Caso. Eloyda Mejía Samayoa, amenazas de muerte en persona proferidas el 18 de febrero de 2004*

En el 2003, como parte de las últimas actuaciones del gobierno de Alfonso Portillo, se autorizaron más de 100 nuevas licencias de exploración minera de metales, así como la ampliación de licencias de explotación de minas ya funcionando. Entre estas últimas, la mina de extracción de níquel que funciona en El Estor, Izabal. La Asociación de Amigos de Lago de Izabal estaba reali-

---

[79] Denuncia aparecida en Prensa Libre el miércoles 13 de abril del 2006, página 12.

Eloyda Mejía Samayoa

zando actividades de sensibilización para concienciar a la población para oponerse a la ampliación de la actividad extractiva, por su impacto en el Lago.

Eloyda Mejía Samayoa, Presidenta y Representante Legal de la Asociación, empezó a recibir amenazas a través de conocidos, los primeros días de febrero del 2004. El 18 de febrero, en un evento público organizado por la Asociación con presencia del gerente de la empresa minera y el Alcalde de El Estor –que apoyan la ampliación del proyecto–, entraron unas personas al evento y amenazaron públicamente a Eloyda Mejía, diciéndole que "su cabeza rodará". Luego, la Sra. Mejía vio a esas personas con el gerente.

Por las amenazas recibidas, la Sra. Mejía acusó a las personas y al gerente de la empresa ante la Fiscalía Especial para Defensores y el caso se publicó en los medios de comunicación. Por espacio de seis meses el proceso estuvo en un limbo entre la ciudad de Guatemala y Puerto Barrios. Finalmente, a inicios del 2005, la fiscalía de Puerto Barrios individualizó a las personas y realizó una mediación entre estas y la Sra. Mejía, utilizando el criterio de oportunidad, momento en el que los sindicados pidieron perdón por haberla amenazado.

Al menos este incidente de amenazas en contra de Eloyda Mejía Samayoa tuvo un proceso de intervención del Ministerio Público. Sin embargo, el ambiente en el que se desenvuelve el trabajo de la Sra. Mejía y su asociación sigue siendo de alto riesgo.

C. Caso. *Orlando Blanco Lapola, amenazas de muerte telefónicas continuadas entre enero y febrero de 2004*

Foto © María Martín

Orlando Blanco

Orlando Blanco Lapola es el Coordinador del Centro Internacional de Investigaciones en Derechos Humanos (CIIDH). Esta organización tiene como ejes de trabajo: el impulso de las recomendaciones de la Comisión de Esclarecimiento Histórico, el acompañamiento a la agenda de derechos humanos y el desarrollo de acciones de exigibilidad de los derechos económicos, sociales y culturales –particularmente el monitoreo del gasto público–.

El 16 de enero del 2004, el Sr. Blanco recibió una llamada a su celular a las 18:20 horas que provenía del teléfono 2200375, en la cual le indicaron con voz masculina *SI SEGUIS CHINGANDO TE VAS A MORIR HIJUEPUTA*. El 30 de enero volvió a recibir una llamada a su celular a las 18:05 horas del teléfono 2545776, en la que con voz masculina le dijeron *DONDE ESTAS GORDO HIJUEPUTA TE VAS A MORIR*. Después de tres minutos recibió otra llamada del teléfono 2545161, sin que hubiera respuesta. El día 2 de febrero de ese año, a las 17:19 en el mismo celular recibió otra llamada del número 2545862, en la que le decía *HIJO DE PUTA TE VAS A MORIR*.

Las amenazas fueron tomadas con mucha seriedad, ya que Orlando Blanco era líder importante de la Coalición para la CICIACS y del Colectivo de Organizaciones Sociales, por lo que inmediatamente se hicieron las acciones urgentes nacionales e internacionales, así como las denuncias a la Fiscalía Especial para Defensores.

Por experiencias previas del Sr. Blanco en investigaciones por amenazas y allanamientos a su organización, se decidió hacer una investigación privada con la cual se determinó que los números de donde provinieron las llamadas eran teléfonos públicos ubicados cerca de la Oficina de

Responsabilidad Profesional de la Policía Nacional Civil y relativamente cerca de las oficinas de la CIIDH. La investigación fue puesta a disposición del Ministerio Público.

Luego de una serie de manifestaciones públicas realizadas por el movimiento social con el apoyo del Colectivo de Organizaciones Sociales en oposición a los desalojos forzados y de una reforma fiscal en contra de los acuerdos del Pacto Fiscal, el Ministerio Público inició una investigación para demostrar que las llamadas fueron hechas por Orlando Blanco para llamar la atención. Estas acciones fueron realizadas al mismo tiempo que se inició una campaña pública de difamación en contra de Blanco.

Cuando a mediados del 2005, la Fiscalía de Derechos Humanos le planteó a Orlando Blanco la solicitud de archivo de su caso, éste pidió que quedara bien claro que la razón del archivo era porque no se había podido determinar la autoría del ataque.

***

XI.
Recomendaciones para la protección de los
Defensores y Defensoras de Derechos Humanos

La situación de los defensores y defensoras de derechos humanos en Guatemala se ha venido agravando en los últimos años, a pesar de las acciones realizadas a favor de los mismos tanto por la comunidad de defensores, la comunidad internacional y algunos funcionarios públicos.

La impunidad que circunda las violaciones en contra de los defensores y defensoras de de derechos humanos, particularmente los asesinatos de operadores de justicia, genera el clima propicio para la continuación y el agravamiento del fenómeno por lo que deben concentrarse esfuerzos en romper el muro de impunidad que rodea a la violación del derecho a defender derechos humanos en Guatemala.

Por ello, Front Line y el Movimiento Nacional por los Derechos Humanos proponen las siguientes recomendaciones:

1. Hacia el Ministerio Público:

a. Fortalecer a la Unidad de Delitos contra Activistas de Derechos Humanos, Operadores de Justicia, Periodistas y Sindicalistas dándole recursos materiales y técnicos para la investigación tanto en la capital como fuera de la capital de forma que pueda superarse la situación actual de ausencia de investigación criminal en la mayoría de casos de defensores y lograr así la efectiva administración de justicia para la violación del derecho a defender derechos humanos.

b. Establecer las vinculaciones entre los casos que se llevan realizando análisis de patrones, particularmente cuando los delitos han ocurrido contra la misma organización en distintos años o contra organizaciones que defienden derechos similares.

c. Establecer el rol de la Unidad de Análisis de la Fiscalía de Sección de Derechos Humanos en materia de investigación de patrones y participación de aparatos clandestinos de seguridad en los ataques contra defensores de derechos humanos. De esta forma dicha Unidad puede pasar a ser parte efectiva del proceso de investigación criminal que lleve a determinar la autoría del 48% de los ataques en donde se presupone que existe la participación de Cuerpos Ilegales y Aparatos Clandestinos de Seguridad.

d. Coordinar con la División de Investigación del Crimen, de la Policía Nacional Civil las investigaciones de campo para evitar que se realicen sólo investigaciones de gabinete.

e. Tramitar con rigor las quejas administrativas contra fiscales que están utilizando el sistema para criminalizar la función de defender derechos humanos. Esto se hace necesario ya que existe un desbalance entre la inacción en la investigación de delitos contra los defensores de derechos humanos y la pronta actuación de los fiscales cuando existen acusaciones por delitos infundados o exagerados (terrorismo, sedición u otros semejantes) en contra de defensores de derechos humanos.

2. Hacia el Gobierno de Guatemala

a. Garantizar la protección de los defensores y defensoras de derechos humanos y de operadores de justicia de acuerdo con lo establecido en la Declaración de las Naciones Unidas sobre el Derecho y la Obligación de los Individuos, los Grupos y los Órganos de las Sociedades de Promover y Proteger los Derechos Humanos Universalmente Reconocidos y las Libertades Fundamentales, así como la declaración interamericana de la misma materia y el compromiso número 7 del Acuerdo Global sobre Derechos Humanos.

b. Impulsar los mecanismos de respuesta a los conflictos estructurales y coyunturales que resultan de las graves violaciones de derechos humanos que los defensores y defensoras de derechos humanos promueven y defienden de conformidad a lo establecido a los Acuerdos de Paz, esto es el impulso de reformas a políticas públicas y leyes que cumplan los compromisos adquiridos el 29 de diciembre de 1996.

c. Impulsar una política de protección de defensores y defensoras de derechos humanos y de operadores de justicia que garantice una aplicación consensuada y ágil de las medidas cautelares y provisionales emitidas por los órganos internacionales.

d. Establecer mecanismos de monitoreo desde la sociedad civil de la División de Protección de Seguridad (DIPROSE) y del Servicio de Protección de Personalidades de la SAAS en el cumplimiento de su servicio.

e. Depurar las fuerzas de seguridad de personas involucradas en la comisión de delitos y violaciones de derechos humanos.

3. Hacia el Congreso de la República

a. Aprobación de la Ley de Promoción y Protección de la Defensa de Derechos Humanos como mecanismo nacional para la dignificación de los defensores y defensoras de derechos humanos. Esta Ley vendría a generar un mecanismo de protección ante la grave situación que viven los defensores y obligaría a las instituciones de Estado a proteger y sancionaría a los funcionarios públicos que actuaran en contra de ellos.

b. Reforma a la Ley de Protección de Testigos y Sujetos Procésales para que el mecanismo de protección de testigos, fiscales y operadores de justicia sea más ágil, seguro y comprensivo ya que actualmente no logra proveer la protección que ofrece y este sector es severamente golpeado por la violencia.

c. Fortalecimiento de la institución del Procurador de Derechos Humanos a través de:

    i. Ampliación del presupuesto de la Procuraduría de Derechos Humanos.

    ii. Establecimiento de un proceso transparente y participativo para la elección de un nuevo Procurador de Derechos Humanos en el 2007 ya que actualmente los procesos de elección de funcionarios públicos como el Ombudsman que se realizan desde el Congreso de la República han estado politizados. El magistrado de conciencia debe ser electo por su calidad en derechos humanos y no debe tener compromisos con los Partidos Políticos puesto que el año 2007 es un año electoral en Guatemala por lo que es necesario redoblar la transparencia del proceso para evitar problemas.

4. Hacia la Comunidad Internacional

a. Presionar a las autoridades guatemaltecas para tomar medidas prácticas para proteger y apoyar a los defensores de derechos humanos incluyendo el desarrollo de un plan de acción para la implementación de la Declaración de las Naciones Unidas del Derecho y la Responsabilidad de los Individuos, los Grupos y los Órganos de la Sociedad para Promover y Proteger los Derechos Humanos Universalmente Reconocidos y las Libertades Fundamentales adoptada el 9 de diciembre de 1998.

b. Apoyar a los defensores y defensoras de derechos humanos en la promoción y defensa de derechos humanos en el país, así como en la promoción de la Declaración de las Naciones Unidas sobre Defensores de 1998, la Declaración Interamericana sobre Defensores del 2001 y los Lineamientos de la Unión Europea sobre Defensores de Derechos Humanos del 2004 a través de las siguientes acciones:

   i. Invitando e interactuando con los defensores de derechos humanos para aumentar su visibilidad. Organizando entregas públicas de estos instrumentos para los defensores y defensoras de derechos humanos y sus organizaciones.

   ii. Organizar capacitaciones para las misiones de la Unión Europea y las defensoras y defensores sobre la implementación de los Lineamientos de la Unión Europea sobre Derechos Humanos.

   iii. Estableciendo mecanismos entre las Embajadas para atender a los defensores y defensoras de derechos humanos en riesgo.

c. Fortalecer las actividades orientadas hacia la tutela legal de casos de defensores de derechos humanos para poder romper la impunidad en casos paradigmáticos.

d. En los proyectos de cooperación que se negocien con las organizaciones determinar un rubro para la seguridad que incluya la aplicación de una política institucional de seguridad que prevea no sólo elementos materiales de seguridad (cámaras, balcones de metal, alarmas) de la organización sino el establecimiento de planes de seguridad integrales.

e. Apoyar a los mecanismos internacionales especializados para la protección de defensores y defensoras de derechos humanos para que continúen su monitoreo y apoyo en Guatemala (Comisión Interamericana de Derechos Humanos, Representante Especial del Secretario General de las Naciones Unidas sobre Defensores de Derechos Humanos, Relator Especial sobre Independencia de Jueces, Magistrados y Fiscales y Oficina del Alto Comisionado de Naciones Unidas de Derechos Humanos en Guatemala).

f. Respaldar el trabajo de organizaciones de sociedad civil internacional, que apoyan la actividad de defensoras y defensores de Derechos Humanos en Guatemala

* * *

XII.
Bibliografía

2005 Bancada de la Unidad Revolucionaria Nacional Guatemalteca. Feminicidio en Guatemala; crímenes contra la humanidad. Investigación preliminar. Congreso de la República. Guatemala, noviembre de 2005. 147 págs.

2005 Central General de Trabajadores. Libertad Sindical en Guatemala. 78 Págs.

2006 Centro de Acción Legal, Ambiental y Social de Guatemala. II Informe Preliminar sobre Violaciones de los Derechos Humanos de Ambientalistas, Activistas Ambientalistas y Trabajadores Públicos de Gestión Ambiental y Naturales de Guatemala. Mayo. Notas de distribución restringida.

2005 Centro Internacional de Investigaciones en Derechos Humanos et. al. Informe Situación de los Derechos Económicos, Sociales y Culturales · 2005. Guatemala. 107 págs.

2005 Centro para la Acción Legal en Derechos Humanos. Asesinatos de mujeres: expresión del feminicidio en Guatemala. Guatemala. 199 págs.

2006 Centro para la Acción Legal en Derechos Humanos. Informe de seguimiento al cumplimiento por parte del Estado de Guatemala a las recomendaciones de la relatora especial de las Naciones Unidas sobre la violencia en contra de las Mujeres. Guatemala. 68 págs.

1999 Comisión para el Esclarecimiento Histórico. Guatemala: Memoria del Silencio. Tomos I, II y V.

2001 Comisión Interamericana de Derechos Humanos. Quinto Informe de Situación de Derechos Humanos de Guatemala. 6 de abril de 2001. OEA/Ser.L/V/II.111.

2005 Comisión Internacional de Juristas. La justicia en Guatemala: Un largo camino por recorrer. Suiza. 86 págs.

       Constitución Política de la República. Nueva edición. 77 Págs. Ayala Jiménez Sucesores.

2006 Despouy, Leandro. Civil and Political Rights, including the questions of independence of the judiciary, administration of justice, impunity; report of the Special Rappaorteur on the independence of judges and lawyers. 62nd. Session. March 27. E/CN.4/2006/52/Add.1.

2005 Encuentro Centroamericano Defensoras y Defensores de Derechos Humanos. Memoria del Encuentro. 31 de agosto, 1 y 2 de septiembre de 2005.

166

2005 Fundación Myrna Mack. Informe de situación sobre la Fiscalía Especial de Delitos Contra Operadores de Justicia: La persecución penal frente al fenómeno de la violencia en el Sistema de Justicia. Septiembre. Versión electrónica.

2005 Fundación Myrna Mack. Respuesta estatal frente a ataques contra defensores de Derechos Humanos en Guatemala; aplicación del Artículo 9 de la Declaración sobre defensores de Derechos Humanos. Septiembre. Versión electrónica.

2002 Fundación Myrna Mack. Informe para el relator especial de Naciones Unidas para la independencia de jueces y abogados Sr. Param Cumaraswamy. Guatemala. Junio. Serie Justicia y Estado de Derecho. 44 págs.

1999 Fundación Myrna Mack. Hechos que afectan la independencia judicial y la administración de justicia en Guatemala: amenazas, intimidaciones y atentados contra jueces, fiscales y abogados. Guatemala. Agosto. Serie Justicia y Estado de Derecho. 94 págs.

2003 Fundación Myrna Mack. Seguimiento de las recomendaciones del relator especial de Naciones Unidas sobre independencia de jueces y abogados en Guatemala. Guatemala. Mayo. Serie Justicia y Estado de Derecho. 54 págs.

2002 Instituto Nacional de Estadística. XI Censo de Población y VI de habitación 2002. En: http://www.ine.gob.gt/content/consul_2/pob/censo2002.pdf

2006 Jilani, Hina. Promotion and protection of Human Rights: Human Rights Defenders; Report of the Special Representative. 62nd. Session. March 22. E/CN.4/2006/95/Add.1.

2005 Jilani, Hina. Declaración sobre el derecho y el deber de los individuos, los grupos y las instituciones de promover y proteger los derechos humanos y las libertades fundamentales universalmente reconocidas; los defensores de derechos humanos. 60° Período de Sesiones. 7 de septiembre de 2005. A/60/ 339.

2005 Jilani, Hina. Promoción y protección de los derechos humanos; defensores de derechos humanos; reporte de la Representante Especial. 61° período de sesiones. 13 de diciembre. E/CN.4/2005/101.

2004 Mendoza, Carlos y Edelberto Torres-Rivas. Linchamientos en Guatemala: ¿Barbarie o Justicia Popular? En: www.nd.edu/~cmendoz1/datos/

1997 Presidencia de la República. Los Acuerdos de Paz. COPREDEH. 195 Págs.

2003 Peacock, Susan y Adriana Beltrán. Hidden powers in post-conflict Guatemala. Washington: Wola. 97 Págs.

167

2005 Procuraduría de Derechos Humanos. Los defensores de los derechos humanos en Guatemala. Guatemala. 53 págs. Versión electrónica.

2006 Programa de Naciones Unidas para el Desarrollo. Diversidad Étnico-cultural: La ciudadanía en un estado plural. Informe Nacional de Desarrollo Humano 2005. En: http://www.desarrollohumano.org.gt/Informe2005.htm

2000 Programa de Naciones Unidas para el Desarrollo. Guatemala: la fuerza incluyente del desarrollo humano. Informe Nacional de Desarrollo Humano 2000. 312 Págs.

2003 Programa de Naciones Unidas para el Desarrollo. Guatemala: Una agenda para el desarrollo humano. Informe Nacional de Desarrollo Humano 2003. Guatemala: Sistema de Naciones Unidas. 314 Págs.

2004 Quim Can, Juan Santiago. La administración de justicia en Guatemala desde la óptica de los relatores y representantes especiales de las Naciones Unidas. Guatemala: Fundación Myrna Mack. Mayo. Serie Justicia y Estado de Derecho. 65 págs.

2004 Samayoa, Claudia El Rostro del Terror: análisis de los ataques en contra de defensores de derechos humanos del 2000 al 2003. Coalición para la CICIACS-Movimiento Nacional por los Derechos Humanos. Guatemala. 40 págs.

2005 Unidad de protección a defensores y defensoras de derechos humanos/Movimiento Nacional por los Derechos Humanos. Y el terror continúa; análisis de los ataques en contra de defensores y defensoras de derechos humanos en el año 2004. Guatemala. 38 págs.

2006 Unidad de protección a defensores y defensoras de derechos humanos/ Movimiento Nacional por los Derechos Humanos. El terror se expande; análisis de los ataques en contra de defensores y defensoras de derechos humanos durante el año 2005. Guatemala. 84 págs.

2006 Unidad Revolucionaria Nacional Guatemalteca. Panorama del Feminicidio en Guatemala. Hoja Informativa No. 3. Bancada del Congreso de Guatemala. Junio.

* * *

XIII.
Anexos

ANEXO 1

Organigrama de procesamiento de información

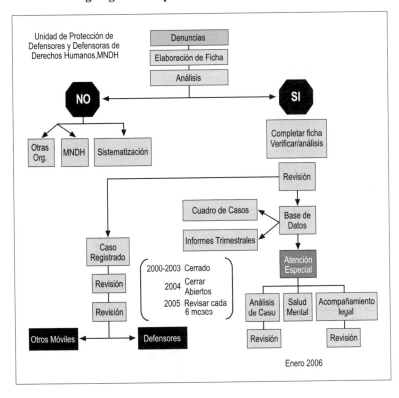

Organigrama de procesamiento de acciones de protección

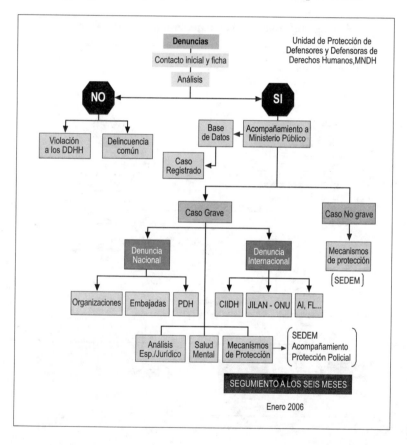

ANEXO 2

Características de la Sistematización de Ataques contra Defensores y Defensoras de Derechos Humanos

Tipo de Defensor

Aunque la categoría de defensores de derechos humanos incorpora a toda persona u organización que promueve o defiende uno o más derechos humanos, existe aún en Guatemala una resistencia a considerarse defensor de derechos humanos. Es por ello que va a parecer extraño que en esta sistematización se incorporen categorías como los campesinos, desarrollo, periodistas y sindicalistas. Sin embargo, por su actividad son defensores de derechos humanos.

A continuación se encuentran la tabla que contiene los tipos de defensores que son considerados en la base de datos:

TABLA 1
Tipo de Defensor

Acompañantes	NA
Campesino	Niñez y juventud
Desarrollo	Otro
Diferencia sexual	Periodista
Gubernamental	Religioso
Indígena	Sacerdote maya
Justicia	Sindicalista
Mujer	Verdad

Para mayor claridad en el manejo de estas categorías fijas se hace una explicación breve de cada una de estas:

a. Campesino: Es considerado un defensor de derechos humanos el campesino que es miembro de la junta directiva de una organización que está luchando por el derecho a la posesión, el acceso o la regularización de la tierra. También es considerado un defensor campesino el miembro de las coordinadoras regionales o nacionales de organizaciones campesinas.

b. Desarrollo: es considerado un defensor de derechos humanos el miembro directivo de una organización local de desarrollo, de una organización que tiene dentro de sus objetivos la promoción del desarrollo y/o la defensa del medio ambiente y sus empleados.

c. Diferencia Sexual: es considerado un defensor de derechos humanos la organización, los empleados de la misma y/o el miembro activo de una organización de defensa del derecho a la diferencia sexual y de promoción al derecho a la salud. Trasvestis y trabajadores (as) del sexo que son parte activa de las actividades de promoción de la protección ante el SIDA son consideradas defensores de derechos humanos.

d. Gubernamental: son considerados defensores de derechos humanos las organizaciones de gobierno o estado y sus empleados, cuyo objeto sea la promoción y defensa de los derechos humanos. En este sentido, la sistematización ha cubierto empleados de la Procuraduría de Derechos Humanos, la Comisión Presidencial de Derechos Humanos y la Fiscalía Especial de Derechos Humanos que, por la fragilidad del estado, se convierten en enemigos de factores de poder a lo interno del país.

e. Indígena: son considerados defensores de derechos humanos los directivos de organizaciones que se organizan para la defensa y promoción de los derechos indígenas, las organizaciones consideradas indígenas y sus empleados, y los líderes indígenas que llevan la defensa y promoción de los derechos indígenas.

f. Justicia: son considerados defensores de derechos humanos las organizaciones y sus empleados que tienen como objeto de actividad la reforma del sistema de justicia y seguridad o que, entre sus actividades, desarrollen acciones para el enjuiciamiento de violadores de derechos humanos y el fin de la impunidad. En esta última caracterización pueden encontrarse organizaciones que, además, realizan actividades de desarrollo o promoción y defensa de los derechos indígenas, por ejemplo, pero que el ataque está claramente vinculado a sus acciones en torno a la búsqueda de la justicia.

g. Mujer: son consideradas defensoras de derechos humanos las organizaciones, sus empleadas y/o miembros que promueven y defienden los derechos de las mujeres.

h. Niñez y Juventud: son considerados defensores de derechos humanos las organizaciones y sus empleados que defienden o promueven los derechos de la niñez y la juventud.

i. **Otro**: son aquellos defensores cuya actividad de trabajo no se puede enfocar en ninguna de las categorías anteriores por dedicarse a la defensa de derechos humanos muy particulares, como puede ser la defensa del consumidor, pero que su desagregación no es relevante. Aquí se encuentran defensores de derechos humanos que se posicionan en contra de la corrupción de forma individual y académicos atacados.

j. **Periodista**: son aquellos defensores de derechos humanos que, en su labor periodística, cubren la fuente de derechos humanos, hacen investigaciones en materia de derechos humanos o ante la situación de cierre de espacios para la libertad de expresión, su ejercicio de cobertura de la corrupción y las violaciones de funcionarios del estado se convierte en una defensa a los derechos humanos.

k. **Religioso**: son aquellos religiosos que en su actividad pastoral se comprometen con las luchas por los derechos humanos de sus feligreses y se convierten en promotores o defensores de los derechos humanos. Por ejemplo, los sacerdotes que acompañan a las organizaciones campesinas.

l. **Sacerdote Maya**: por la naturaleza excluyente y racista del estado guatemalteco, el ejercicio de la espiritualidad maya fue condenado moralmente por la sociedad y los guías fueron perseguidos legalmente a través de la imputación de delitos de usurpación cuando utilizaban los lugares sagrados ubicados en propiedad privada. El ejercicio de la espiritualidad maya en sí mismo ha sido considerado un acto de defensa del derecho humano al ejercicio religioso.

m. **Sindicalista**: son defensores de derechos humanos los dirigentes que encabezan sindicatos o los sindicalistas que laboran para las coordinaciones sindicales.

n. **Verdad**: son defensores de derechos humanos las personas, organizaciones y sus empleados y directivos de organizaciones locales que orientan su actuación a la promoción e investigación en torno a la verdad o memoria histórica del enfrentamiento armado interno. Aquí tenemos a los que divulgan el informe de la Comisión para el Esclarecimiento Histórico –CEH–, las víctimas que trabajan por el resarcimiento y las exhumaciones. Esta categoría fue diferenciada de la más general de justicia, ya que los defensores aquí incluidos no se miraban como defensores de la justicia.

Aunque en todas las categorías mencionadas anteriormente no se evidencia la situación de defensores de derechos humanos no organizados, existen algunos casos en que estos se ven así.

1. Objeto de Actividad

En esta categoría se establece quién en lo individual o en lo institucional se ve afectado por las actividades del defensor de derechos humanos. Esto establece una posible línea de investigación sobre el responsable del ataque y no la responsabilidad directa del ataque. A continuación se encuentra la tabla de las categorías predefinidas como objeto de actividad.

TABLA 2
Objeto de Actividad del Defensor

Discriminación racial	Otros
Ejército de Guatemala	Periodismo
Empresarios/Finqueros	PNC
Gobierno	Poder Local
Grupos clandestinos	Ríos Montt
Investigaciones varias	Violaciones a los DDHH

En *Otros* está incorporada la situación cuando el objeto de la actividad son personas en lo particular o grupos muy específicos, como niñez, medio ambiente o travestis. *Violaciones a los Derechos Humanos* es cuando las actividades son tan dispares que involucran a todo el tipo de actores en las violaciones a los derechos humanos y no es posible identificar un solo grupo.

2. La tipificación de la violación de derechos humanos

Los ataques a Defensores de Derechos Humanos han sido categorizados en seis grandes tipos:

- Violación al Derecho a la Vida
- Violación al Derecho a la Integridad Personal
- Violación al Derecho a la Libertad y Seguridad

- Violación al Derecho a la Propiedad Privada
- Violación al Derecho a la Libre Emisión del Pensamiento
- Violación al Derecho a la Justicia

Esta categorización toma en cuenta la clasificación de violaciones que hiciera MINUGUA para la verificación.

Estos grandes tipos de violaciones están, a su vez, divididas en delitos que son cometidos en contra de defensores de derechos humanos que al ser cometidas, por acción u omisión del estado, se convierten en violaciones a los Derechos Humanos. Esto a excepción de cuando se realiza una denuncia judicial, un acto de vigilancia, persecución o intimidación que no constituyen delitos.

A continuación, un cuadro que establece los hechos/delitos por tipo de violación a los derechos humanos.

TABLA 3
Tipo de delitos/hechos por violación

VIOLACIÓN	DELITOS O SUBTIPOS DE VIOLACIONES
Derecho a la Vida	Asesinato Intento de asesinato Desaparición forzada
Derecho a la Integridad Personal	Tortura Violación sexual
Derecho a la Libertad y Seguridad	Secuestro Intento de secuestro Amenazas escritas Amenazas telefónicas Amenazas en persona Vigilancia Persecución Intimidación
Derecho a la Propiedad	Allanamiento Daños a la propiedad
Derecho a la Libre Expresión	Difamación de funcionario Denuncia judicial
Derecho de Justicia	Denuncia judicial

Aunque la mayoría de categorías se explican en sí mismas, algunas pueden prestarse a equívocos; es por ello que se hace necesario aclarar alguna de las diferencias. La **amenaza en persona** se diferencia de la **intimidación** en el sentido que en la primera media el intercambio verbal entre victimario y víctima, en donde el primero con claridad le indica al segundo que le va a matar él o la persona a quien sirve. En la **intimidación** el victimario no se identifica y, a través de gestos como manipulación de armas, hace ver que será asesinado. Por el alto grado de casos de robo de celular realizados simultáneamente a otro tipo de amenazas, se ha considerado este caso como un acto intimidatorio.

Otra diferencia que vale la pena señalar es la que existe entre **allanamiento** y **daños a la propiedad**. El **allanamiento** es un acto en el que victimarios desconocidos entran a las instalaciones de una organización, para revisar y sustraer material físico o informático de utilidad para la misma. El **daño a la propiedad** es cuando durante el allanamiento se queman las instalaciones o se destruye instalaciones de la organización no vinculadas con la acción de ingreso de los victimarios.

Asimismo, la **denuncia judicial** aparece como consecuencia de dos violaciones de derechos humanos, la primera es la que ocurre como consecuencia de la libre expresión y una denuncia por difamación. La segunda es la que ocurre en contra de los defensores que exigen que se aplique la justicia, y se encuentran con que se abre un proceso en su contra.

3. Indicios de planificación y operativo

En el análisis de patrones para establecer la existencia de cuerpos ilegales y aparatos clandestinos de seguridad funcionando, se debe determinar la existencia de ciertos signos propios de la existencia de un operativo de inteligencia diseñado en el estilo de la contrainsurgencia. Este análisis se hace presuponiendo que una parte de los ataques vienen de estos grupos que están formados o dirigidos por militares en activo o en retiro, y que han tenido formación en inteligencia.

A continuación, una breve descripción sobre los signos que se buscan al analizar un ataque.

1. **Vigilancia previa**: es cuando se evidencia la existencia de vigilancia en el lugar de los hechos días y/u horas antes del ataque. Esta vigilancia puede ser a través de indigentes o desconocidos.

2. **Avisos previos**: es cuando antes del ataque, sea horas, días o semanas previas, la persona ha recibido amenazas o ha sido objeto de ataques de menor gravedad.

3. **Vigilancia en el lugar**: es cuando se puede establecer que durante el ataque hay personas observando los alrededores, ya sea para garantizar el escape o la efectividad.

4. **Múltiples vehículos**: cuando, para cometer el ataque, se utiliza más de un vehículo, lo que implica el uso de infraestructura más compleja como lo es mecanismos de comunicación y cobertura para más de un vehículo.

5. **Vigilancia posterior**: es cuando se puede observar vigilancia en el momento en que el ataque se está denunciando y se están conduciendo las actividades de investigación particular, policial o de la PDH. Está diseñada para verificar quién se mueve y qué información se posee.

6. **Entorpecimiento de la investigación posterior**: éste se señala cuando hay evidencia de que alguien, sea agente de investigación de la PNC o del MP o un desconocido, genera acciones para adulterar la escena del crímen, confundir a los testigos o perder evidencia.

7. **Amenazas de testigos**: cuando testigos del hecho son amenazados para que no faciliten información que permita la identificación de los victimarios.

4. Patrón

A través de estos años se pudo evidenciar que no todos los ataques son iguales ni tienen la misma fuente, pero que corresponden a una serie de patrones. Estos patrones fueron claramente identificados en marzo del 2003, cuando se revisaron los casos a la luz de la experiencia y con una visión de tipología. Seguramente la tipología es imperfecta, pero refleja un intento de agrupación de ataques de acuerdo a una serie de criterios que a continuación se señalan:

a. **Ataque de la base operativa**: es cuando el ataque se realiza en contra de empleados de las organizaciones de derechos humanos, usualmente personal administrativo o técnico. Busca inmovilizar el trabajo de la organización y quitarle el respaldo a los dirigentes. En otras palabras, no atacan al dirigente sino a sus empleados, lo que le genera una cantidad de situaciones que debe resolver y que le van inhibiendo de su acción pública y política. Por ejemplo, el asesinato de Guillermo Ovalle –contador de la Fundación Rigoberta Menchú Tum– el 29 de abril del 2002 y secuestro y tortura de Domingo Yaxón –mensajero de CONAVIGUA– el 03 de mayo del 2002.

b. **Ataque de múltiple objetivo/simbólico**: es cuando el ataque se comete en contra de un defensor o una organización que, por sus actividades políticas y de coordinación, usualmente están relacionadas con más de tres diferentes sectores de la comunidad de derechos humanos o de la sociedad en su conjunto. De esta forma, el ataque no solamente satisface la necesidad de callar o golpear al defensor u organización por lo que le afecta al interesado, sino también permite mandar un mensaje de advertencia y cautela a varios sectores. Estos ataques hacen difícil la investigación, porque el atacado no puede identificar por qué lo atacan. Por ejemplo, secuestro, intimidación y tortura en contra de Jose Rubén Zamora –Director del El Periódico– y su familia, el 26 de junio del 2003, que golpeó tanto a los periodistas como al sector de derechos humanos y a los partidos políticos que él apoya.

c. **Ataque de desarticulación/paralización**: es cuando se ataca sistemáticamente a una organización o un defensor, para obligarlo a dejar la investigación, la denuncia o la lucha en general. Estos ataques se caracterizan por su saña y por la generación de mecanismos de terror. El ejemplo clásico de este tipo de ataques son los cinco allanamientos en el período de 16 meses en contra de CEIBAS. En torno de los allanamientos hubo una serie de amenazas, intentos de secuestro, atentados y mensajes que obligaron a la asociación a cerrar.

d. **Ataque de poder local/enemigo específico**: es cuando el ataque puede ser rastreado y llegar al alcalde, ex comisionado militar, ex

PAC o a las milicias de un finquero específico. En este sentido el ataque tiene posibilidad de investigarse, ya que no operan lógicas nacionales sino muy locales que se han articulado para tratar de callar al defensor o la organización.

e. **Ataque para obtener información**: es cuando con el ataque se sustrae información necesaria para realizar inteligencia, ya sea sobre la organización o el defensor o sobre los beneficiarios de la organización. Este tipo de ataques define la mayor parte de los allanamientos.

f. **Ataque de descabezamiento**: es cuando el ataque se realiza contra el líder o dirigente de la organización. El objeto es acabar con la amenaza que representa esta persona para los intereses en juego.

g. **Ataque por aprovechamiento**: es cuando el ataque se da en el marco de una oleada de ataques en contra de defensores de derechos humanos o de ingobernabilidad nacional, que permite que se interprete incorrectamente el móvil del ataque. Estos ataques usualmente tienen móviles personales, pero se benefician de la inacción del estado y de la impunidad reinante. Por ejemplo, el asesinato de Diego Xon en Chichicastenango, el 5 de abril de 2003, que respondió a un ajuste de cuentas, pero que fue interpretado como un ataque a defensor de derechos humanos. En este caso se utilizaron estructuras estatales para cometer el asesinato.

* * *

Anexo 3

Listado de organizaciones atacadas y número ataques recibidos

2 "Diálogo" de la Televisión de cable de Huehuetenango
2 Abogado Independiente
6 Academia de Lenguas Mayas
2 Acompañante Internacional independiente
1 Agrupación Madres Angustiadas
1 Alcalde de Ixtahuacán, Huehuetenango
8 Alcaldía Indígena de Sololá
1 Alianza Comunitaria Organizada de Derechos Humanos
3 Alianza contra la Impunidad
3 Alianza Estratégica por los Derechos Humanos
2 Alianza para el Desarrollo Juvenil Humanitario
2 Amnistía Internacional
2 Asamblea Nacional del Magisterio, Unidad de Acción Sindical y Popular
1 Asociación Amigos del Lago de Izabal
1 Asociación de Comerciantes de Ferias de Guatemala
6 Asociación de Cronistas Deportivos
3 Asociación de Desarraigados del Petén
2 Asociación de desarrollo Integral Campesina Cunén
2 Asociación de Desarrollo Integral de Montúfar
1 Asociación de Desarrollo Kemana'oj
7 Asociación de Desarrollo y Derechos Humanos de Aldea Tzampoj
1 Asociación de Estudiantes de Derecho
2 Asociación de Estudiantes Universitarios
2 Asociación de la Comunidad de los Cerritos
1 Asociación de la comunidad Lankín II
1 Asociación de Mujeres Anan Ixim
3 Asociación de Mujeres Ixqik
2 Asociación de Padres e Hijos para la Reconciliación
2 Asociación de Periodistas de Guatemala
1 Asociación del Desarrollo para América Central
6 Asociación Dónde están los Niños y las Niñas

1 Asociación Feminista LA CUERDA
1 Asociación Gente Positiva
3 Asociación Mujer Vamos Adelante
8 Asociación para el Avance de las Ciencias Sociales de Guatemala
15 Asociación para el Desarrollo de las Víctimas de la Violencia Maya Achí
2 Asociación para la Educación y el Desarrollo
4 Asociación para la Promoción y el Desarrollo de la Comunidad
6 Asociación por la Justicia y la Reconciliación
12 Asociación Pro-Adquisición y Regulación
de la Tenencia y Posesión de la Tierra
1 Biblioteca José Luis de León
8 Brigadas Internacionales de Paz
1 Capacitación y Desarrollo Comunitario
8 Casa Alianza
1 Asociación para el Desarrollo de la Comunidad Ceiba
4 Central de Trabajadores del Campo
9 Central General de Trabajadores de Guatemala
1 Centro Canadiense de Estudios y Cooperación Internacional
4 Centro de Acción Legal Ambiental y Social de Guatemala
33 Centro para la Acción Legal en Derechos Humanos
3 Centro de Antropología Forense y Ciencias Aplicadas
2 Centro de Atención al Migrante
1 Centro de Educación Popular de Guatemala
6 Centro de Estudio Folklóricos
10 Centro de Estudios e Investigaciones para la Base Social
1 Centro de Formación en Educación Popular
1 Centro de Investigación de Derechos Humanos
1 Centro de Recopilación de Información y Análisis del Impacto Noticioso
11 Centro de Reportes Informativos sobre Guatemala
1 Centro Evangélico de Estudios Pastorales de Centro América
1 Centro Internacional de Estudios por Derechos Humanos
10 Centro Internacional de Investigaciones en Derechos Humanos
1 Colectivo Gay Lésbico de Guatemala
5 Comisión de Derechos Humanos de Aldea Panabajal
1 Comisión de Libertad de Prensa de la APG
1 Comisión Negociadora de Tierras

 4 Comisión Presidencial de Derechos Humanos
 1 Comité de Desarrollo Campesino
 1 Comité de Desarrollo Campesino de Retalhuleu
 2 Comité de Pro Vivienda
26 Comité de Unidad Campesina
 1 Comité Protierra la Pita
 1 Comité ProTierras de Colomba
 1 Confederación de Unidad Sindical de Guatemala
 2 Congreso de la República (Diputados)
 1 Consejo de Instituciones de Desarrollo
 6 Consejo Étnico Runujel Junam CERJ
 2 Consejo Nacional de Áreas Protegidas
 1 Consejo Nacional de Educación Maya
 1 Convergencia Cívico Política de Mujeres
 1 Cooperativa de la Comunidad de Santa María Tzejá
 1 Cooperativa Katokí
 4 Coordinación de ONGs y Cooperativas
 2 Coordinadora Nacional de Derechos Humanos de Guatemala
 5 Coordinadora Nacional de Viudas de Guatemala
 2 Coordinadora por la Exigibilidad de
   Derechos Económicos, Sociales y Culturales
 2 Coordinadora de Asociaciones de Desarrollo Integral
 2 Coordinadora de Organizaciones del Pueblo Maya
 1 Coordinadora de los Pueblos Mayas de Guatemala
10 Coordinadora de Mujeres de Base del Departamento del Quiché
 1 Coordinadora de Organización de Mujeres, Oficina Nacional de la Mujer
 1 Coordinadora Maya Majawil Quej Nuevo Amanecer
 1 Coordinadora Nacional de Asentamientos de Guatemala
 9 Coordinadora Nacional de Organizaciones Campesinas
 6 Coordinadora Nacional Indígena y Campesina
 2 Coordinadora Regional de Cooperativas de Sololá
 1 Defensoría de la Mujer Indígena
 1 Defensoría Indígena
 1 Defensoría Indígena de Sololá
 1 Defensoría Indígena Wajxaquib Noj
 4 Defensoría Maya

1 Derechos en Acción

1 Diario La Hora

1 Diócesis de San Marcos

1 Director General de Radio Sonora

1 Noticiero Impacto y Últimas Noticias, Huehuetenango

3 El Periódico

1 Empresa Eléctrica de Guatemala

4 Equipo Medio Ambiente

1 Estudios y Capacitación Psicológica

1 Eventos por Caridad

4 Asociación Familiares de Detenidos-Desaparecidos
   de Guatemala FAMDEGUA

2 Familiares y Amigos contra la Delincuencia y el Secuestro

1 Federación de Organizaciones Campesinos y Populares

1 Federación de Sindicatos de Empleados Bancarios

5 Federación de Sindicatos de Obreros y Campesinos

1 Federación Luterana Guatemalteca

6 Frente Cívico por la Democracia

8 Frente Cívico por la Dignidad de Sacapulas

1 Frente de Colonias Unidas

1 Frente de Emergencia de Mercados de Guatemala

2 Frente de Pobladores de Guatemala

1 Frente Nacional de Vendedores de Mercados
   y Economía Informal de Guatemala

20 Fundación de Antropología Forense

1 Fundación Manuel Colom Argueta

6 Fundación Myrna Mack

1 Fundación para la Ecología

22 Fundación Rigoberta Menchú Tum

2 Fundamaya

15 Grupo de Apoyo Mutuo

12 Hijos e Hijas por la Identidad y
   la Justicia Contra el Olvido y el Silencio

9 Iglesia Católica

7 Iglesia Luterana Agustina

1 Intervida

 1 Juventud Rebelde
 3 Instituto de Estudios Comparados
   en Ciencias Penales de Guatemala ICCPG
 2 Asociación de Lesbianas Liberadas – LESBIRADAS
 1 Líder Comunitario
 2 Asociación del Magisterio Nacional
 1 Mama Maquín
 1 Mesa Departamental de Concertación Seguimiento AP
 1 Mesodiálogo
 2 Ministerio Público
 1 Misión Internacional de las Naciones Unidas para Guatemala
 1 Movimiento Ciudadano por la Justicia y la Democracia
 2 Movimiento de Trabajadores del Tumbador
 1 Movimiento Derechos Humanos de Santa Rosa
 1 Movimiento Social de la Niñez y la Juventud
 2 Mujeres en Solidaridad
22 No tiene organización
 1 Network In Solidarity for Guatemala
 3 Nuestro Diario
16 Oficina de Derechos Humanos del Arzobispado de Guatemala
 1 Oficina Pastoral de la Tierra
 8 Organización de Apoyo a un Sexualidad Integrada frente al SIDA
 4 Oxlajuj Ajpop
 5 Pastoral de la Tierra del Obispado de San Marcos
 3 Pastoral de la Tierra Obispado de Quetzaltenango
 1 Peace Jam
15 Periodista Indcpcndiente
 1 Prensa Libre
22 Procuraduría de los Derechos Humanos
 1 Proyecto de Acompañamiento de Austria y
   Coordinadora de Acompañamiento Internacional
 1 Proyecto de Desarrollo Santiago
 2 Proyecto de Incentivos Forestales
 3 Proyecto Monte Cristo de la Cooperativa Katoki
 3 Radio Amatique
10 Radio Universidad

1 Red de No Violencia Contra la Mujer
3 Proyecto Sami en Guatemala
1 Saqb'e
1 Sector de Mujeres
6 Servicios para el Estudio y Promoción de la Seguridad en Democracia
3 Servicios Paz y Justicia de Guatemala
1 Sindicato a favor del Comercio Chichicastenango
2 Sindicato de Aeronáutica Civil
2 Sindicato de la Industria del Café
1 Sindicato de la Municipalidad de Chichicastenango
3 Sindicato de Maestros de Guatemala
1 Sindicato de médicos del IGSS
4 Sindicato de Trabajadores Bananeros de Izabal
2 Sindicato de Trabajadores Comerciales y Similares de Esquipulas
1 Sindicato de Trabajadores de Comercio de Chichicastenango
2 Sindicato de Trabajadores de la Educación de Guatemala
2 Sindicato de Trabajadores de la Finca María Lourdes
3 Sindicato de Trabajadores de la Municipalidad de Chinautla
1 Sindicato de Trabajadores de la Salud
1 Sindicato de Trabajadores de Luz y Fuerza
8 Sindicato de Trabajadores del Crédito Hipotecario Nacional
2 Sindicato de Transportistas Fleteros de Guatemala
1 Trabajadores Independientes ligados a la Unidad de Trabajadores Estatales
2 Unidad de Acción Sindical y Popular
3 Unidad Revolucionaria Nacional Guatemalteca
2 Unidad Sindical de los Trabajadores de Guatemala
16 Unión Verapacense de Organizaciones Campesinas
3 Vicariato Apostólico de Petén

La Unidad de Protección de Defensoras y Defensores de Derechos Humanos del Movimiento Nacional por los Derechos Humanos es un servicio creado para el monitoreo, acompañamiento y protección de defensores y defensoras de todos los sectores que pertenezcan o no a organizaciones del movimiento social y de derechos humanos del país. Nuestro marco de acción es la Declaración del Derecho y Responsabilidad de los Individuos, los Grupos y los Órganos de la Sociedad de Promover y Proteger los Derechos Humanos Universalmente Reconocidos y las Libertades Fundamentales de 1998, conocida como la Declaración de Derechos de los Defensores de Derechos Humanos y la Declaración Interamericana de Defensores de Derechos Humanos del 2001, así como el Acuerdo Global sobre Derechos Humanos, en su compromiso 7.

La Unidad de Protección de Defensoras y Defensores de Derechos Humanos fue formalmente creada en el 2003, pero el espacio de recopilación unificada de información en el Movimiento funcionaba desde el 2000. La Unidad al ser un servicio, funciona a través de una composición mixta de voluntariado y personal contratado; además de la coordinación con servicios especializados prestados por organizaciones del Movimiento Nacional de Derechos Humanos.

La Unidad de Protección funciona con el financiamiento de la cooperación internacional.

Esta publicación fue reimpresa en los talleres
gráficos de Serviprensa, S.A., en el mes de
octubre de 2006. La edición consta de 1,000
ejemplares en papel bond 80 gramos.